WIESE · BURMA

EIGEL WIESE

BURMA

Reise im Goldenen Land

PIETSCH VERLAG
STUTTGART

Einband- und Schutzumschlaggestaltung: Siegfried Horn, unter Verwendung eines Fotos von Eigel Wiese.

Fotos: Eigel Wiese
Zeichnungen: Horst Wilke
Übersetzungen: Inge Hesel

ISBN 3-613-50098-1

1. Auflage 1989

Ein Unternehmen der Paul Pietsch-Verlage GmbH & Co.

Druck: Rems-Druck, 7070 Schwäbisch Gmünd
Buchbinderische Verarbeitung: E. Riethmüller, 7000 Stuttgart 1
Printed in Germany.

Inhalt

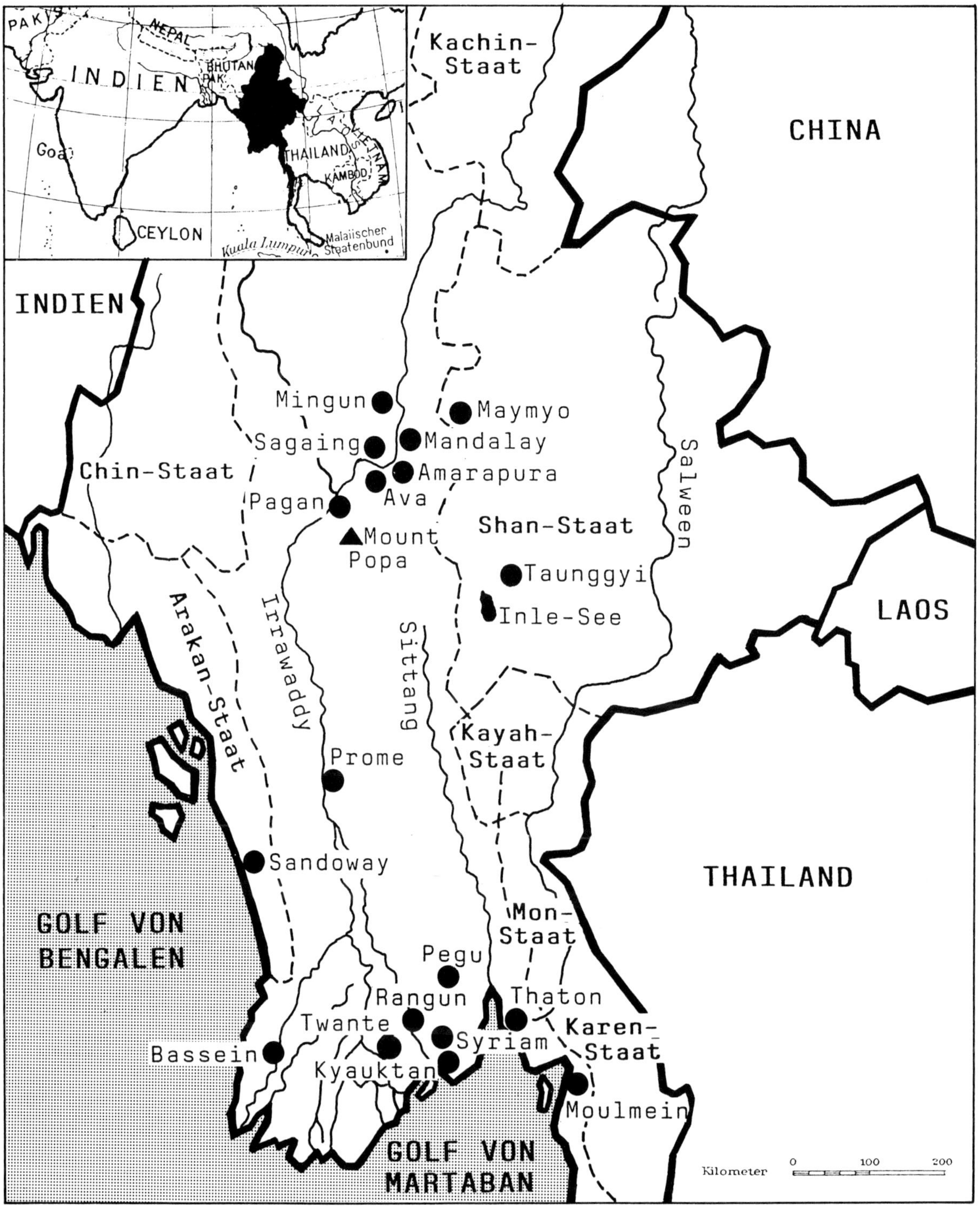
INDIEN
NEPAL
BHUTAN
PAK.
Goa
CEYLON
THAILAND
KAMBOD.
VIETNAM
Kuala Lumpur
Malaiischer Staatenbund
Kachin-Staat
CHINA
INDIEN
Mingun
Maymyo
Sagaing
Mandalay
Chin-Staat
Amarapura
Pagan
Ava
Shan-Staat
Salween
Mount Popa
Taunggyi
Inle-See
LAOS
Arakan-Staat
Irrawaddy
Sittang
Kayah-Staat
Prome
Sandoway
THAILAND
GOLF VON BENGALEN
Mon-Staat
Pegu
Rangun
Thaton
Twante
Karen-Staat
Syriam
Bassein
Kyauktan
Moulmein
GOLF VON MARTABAN
Kilometer
0
100
200

Vorwort

Burma ist eines der letzten geheimnisvollen Länder dieser Erde: Bis zur Mitte der siebziger Jahre hatte es sich ganz von der Außenwelt abgeschottet, Besuche waren überhaupt nicht möglich. Auch heute werden Touristenvisa lediglich für sieben Tage ausgestellt. So erleben die Besucher nur wenige Orte im Lande – noch dazu unter Zeitdruck.

Berichte, Fotos und Bücher aus Burma sind selten, denn Journalisten und Schriftstellern wird kein Einreisevisum gewährt. Wer von ihnen als angeblicher Tourist einreist, muß sehr vorsichtig recherchieren, um nicht aufzufallen. Sofortige Ausweisung und Beschlagnahme des Bild- und Textmaterials wären die Folge. Trotzdem oder vielleicht gerade wegen dieser schwierigen Arbeitsbedingungen hat es mich seit Anfang der achtziger Jahre gereizt, immer wieder in dieses Land zu reisen, um neue, mir bisher unbekannte Teile Burmas kennenzulernen. So kann ich heute mit diesem Buch nicht nur die Eindrücke eines Augenblicks beschreiben, sondern auch festhalten, was ich in dieser Zeit an Veränderungen beobachtet habe.

Im deutschsprachigen Raum ist über das Land nur wenig bekannt. Die Verwirrung fängt schon mit dem Namen an: Wie heißt es eigentlich richtig? Burma oder Birma? Im offiziellen deutschen Sprachgebrauch, etwa im Auswärtigen Amt, spricht man von Birma. Im Lande selbst sagt man »Böma«, mit einem sehr offenen, langgestreckten ö. Die Engländer, von denen zuerst die Kunde über dieses Land zu uns kam, umschrieben es anfangs teils mit Burma, teils mit Birma,was beides phonetisch etwa die Originalaussprache trifft. Während sich bei uns die Form Birma durchgesetzt hat, haben die Burmanen nach ihrer Unabhängigkeit die heute übliche englische Schreibweise übernommen, so daß im Land selbst die Schreibweise »Burma« gebräuchlich ist. Ich habe sie übernommen, weil sie mir die geläufigere ist. Um die Verwirrung komplett zu machen: Im Juni 1989 gab das Land sich den Namen Myanma.

Oft wird die Frage gestellt, ob sich die Einreise für die sieben Tage, für die ein Visum gewährt wird, überhaupt lohnt. Es lohnt sich. In einer Zeit, in der die kulturellen Eigenarten sich weltweit immer mehr angleichen, in einer Zeit, in der die Hochhäuser in fast allen Großstädten gleich aussehen und in der es überall auf der Welt die gleichen Markenartikel zu kaufen gibt, ist es wohltuend, ein Land zu bereisen, das dieser Verwestlichung noch nicht nachgegeben hat, sondern das seinen eigenen, wenn auch nicht immer einfachen Weg geht. Mit Burma erlebt man ein Land, das wirklich anders ist. Ein Land, das einen staunen läßt. Und man erlebt ein menschliches Miteinander, wie es bei uns schon lange verlorengegangen ist. Gerade für diese Erfahrung möchte ich mich bei allen denjenigen Burmanen bedanken, die mir die Aufenthalte im Land immer wieder so angenehm gemacht haben.

Ihnen ein herzliches: *cei cu tin ba de.*

Teil 1:
Begegnungen in Burma

Nur die falschen Lehren hüllen sich in Geheimnisse. Die Sonne, der Mond und die Lehre des Erwachten strahlen offen und nicht im Geheimen

(Anguttara-Nikaya, Sammlung der Reden Buddhas)

Sule Pagode – Einstimmung auf die Ruhe

Man muß die Augen etwas zusammenkneifen, so sehr blendet die Sonne von den goldenen Platten auf dem Stupa der Sule-Pagode in der Nachmittagssonne. Ich suche mir einen schattigen Platz und setze mich auf die kühlen Steine – erst ein mal Ruhe.

Nach einigen Tagen im hektischen Bangkok mit seinem lärmenden, stinkenden Straßenverkehr, und nach der kompliziert-bürokratischen Abfertigung bei der Einreise auf dem Ranguner Flughafen, war schon die gemächliche Fahrt mit dem Taxi ins Zentrum von Rangun eine Erholung gewesen. Das Tempo läuft hier langsamer als im übrigen Südostasien, die Luft ist frischer, die Stadt grüner. Bei der ersten Einreise erschienen mir die Gegensätze besonders stark. Aber auch später empfand ich, trotz aller Gewöhnung, den gut einstündigen Flug von Thailand nach Burma jedesmal wie eine Reise durch die Zeit; von der quirlenden Metropole der achtziger Jahre zurück ins gemächliche Asien der zwanziger oder dreißiger Jahre. Zurück in die Zeit, als Somerset Maugham und Rudyard Kipling diese Region bereisten. Und um die Illusion perfekt zu machen: Sogar die Linienbusse der Ranguner Verkehrsbetriebe stammen noch aus dieser Epoche. Sie blieben im Land zurück, als die Engländer 1947 als Kolonialherren abzogen. Dank der Geschicklichkeit burmanischer Mechaniker fahren sie immer noch.

Dieser ruhige Verkehr, der bis auf die wenigen Ausnahmen neuer Autos eher wie der Betriebsausflug eines Automuseums wirkt, rollt um den großen Kreisverkehr im Zentrum Ranguns. Mitten in diesem Rund steht golden leuchtend die Sule-Pagode. Wer sie betritt, kommt in eine Oase der Ruhe. Ich hatte einer freundlichen Burmanin in einem der vier mit Silberblech verzierten Treppenhäuser meine Sandalen zur Aufbewahrung gegeben und war barfuß in den Innenhof der Pagode gegangen. Die 48 Meter hohe Pagode ist achteckig, ihr Ursprung liegt in der mythologischen Vorgeschichte der Stadt Rangun. Etwa 230 v. Chr. hatten die beiden Mönche Sona und Uttara, die von der Dritten Buddhistischen Synode in Pataliputra nach Thaton zum Missionieren geschickt worden waren, ein Haar Buddhas bei sich, über das sie eine Pagode bauen wollten. Erst nach einigem Widerstand war der König bereit, diese Pagode am Fuße des Singuttarahügels, auf dem die Schwedagon-Pagode liegt, errichten zu lassen. Lange Zeit hieß die Pagode Sura Zedi, nach ihrem Erbauer Maha Sura, einem Minister des Königs. Die heute gebräuchliche Bezeichnung Sule-Pagode kam erst später auf.

Nach einem ersten Rundgang sitze ich auf einem Stein und lasse dieses andere Asien auf mich wirken: Besucher begießen Buddhastatuen mit Wasser, sie stellen vor ihnen bunte Blumensträuße auf. In einer Mauernische hockt ein Mann reglos und ist mit sich und seinen religiösen Gedanken allein.

Aber die Menschen sind nicht nur zur Andacht in diese Pagode gekommen: Vor einem der Altäre, von denen die Sule-Pagode vier, also je einen in jeder Himmelsrichtung hat, lehnen zwei junge Mädchen an einer Säule und hantieren in ihren Schulheften mit Bleistift und Lineal. Es zeigt, wie unkompliziert das Verhältnis der Burmanen zu den sakralen Bauwerken ist. Man stelle sich einmal vor, bei uns im Hamburger Michel oder im Kölner Dom würden Mädchen sitzen und Schularbeiten machen.

Das ist auch der Grund, weshalb die Sule-Pagode mitten in der Stadt im Laufe der Zeit zu meiner Lieblingspagode wurde. Zwar ist die Schwedagon-Pagode viel größer und schöner, über

Die Sule-Pagode ist schon von weitem zu sehen...

...sie liegt mitten in einem Kreisverkehr und ist trotzdem eine Oase der Ruhe.

sie ist auch in der kunsthistorischen Literatur viel mehr zu finden. Doch ein Besuch der Schwedagon-Pagode ist etwas Außergewöhnliches; auch für die Burmanen. Die Sule-Pagode dagegen gehört zum alltäglichen Leben. Immer wenn ich bei dem gegenüberliegenden Büro von Tourist Burma nach Tickets oder meinen Platzchancen auf irgendeiner Flugwarteliste frage, gehe ich noch kurz in die Sule-Pagode mit ihrer heiteren Atmosphäre. Und viele Burmanen scheinen es ähnlich zu machen. Zu Besorgungen in der Stadt gehört offensichtlich auch eine kleine Besinnungspause in der Sule.

Ohne auf die Welt um sich herum zu achten, umkreist ein langbärtiger indischer Asket den Stupa der Pagode im Uhrzeigersinn – die Hände hat er andächtig vor das Gesicht gelegt. Als ich ihm noch hinterherschaue, trifft mein Blick mit dem eines Burmanen zusammen, der mir freundlich zulächelt. Meine erste Reaktion ist Abwehr. Denn meine Erfahrung aus Reisen im Nahen Osten, aber auch im Nachbarland Thailand hat mich gelehrt, daß jemand, der ein Gespräch anfängt, auch immer etwas verkaufen will. Das ist in Burma anders.

Der Mann läßt sich von meiner Abwehr – wie oft mag er sie bei Europäern schon erlebt haben? – nicht beeindrucken, sondern rutscht ein wenig näher.

Woher ich komme, will er wissen. »Deutschland – Ost oder West ? Ah West, das ist gut.« Und Ost wäre nicht so gut, frage ich provozierend nach. Seine Antwort ist eine unbestimmte, aber keinesfalls positive Handbewegung. Aber Ostdeutschland ist doch auch ein sozialistisches Land, so wie Burma, werfe ich ein. Er lächelt: »Ja, wir sind ein sozialistisches Land. Ein sogenannt sozialistisches Land. Sehen Sie sich um – in erster Linie sind wir ein religiöses Land.« Das bunte Treiben um uns herum gibt ihm recht.

Mit seiner Freundlichkeit hat Win Pe, als der er sich inzwischen vorstellte, meinen inneren Widerstand überwunden. Und so reden wir über Buddha und die Welt. Vielleicht kann er mir helfen, die

Vor den Altären stehen Vasen voll geopferter Blumen.

Ein indischer Heiliger umkreist andächtig den Stupa.

Widersprüche zu verstehen. Denn die Sule-Pagode ist nach dem Sule Nat benannt, dem Schutzgeist der Pagode. Nats aber sind Geister, die denjenigen, die sie nicht genügend verehren, als Dämonen das Leben schwer machen. Früher hatte jedes Dorf, jeder Baum, jeder Bach seinen eigenen Nat. Der Sule-Nat ist der Geist der Berges, auf dem die Schwedagon-Pagode steht. Der Glaube an diese Geister stammt noch aus den uralten Zeiten, bevor der Buddhismus das Land erreichte. Doch noch heute gibt es in jeder burmanischen Pagode Altäre, auf denen die Nats verehrt werden. Sie haben für die Gläubigen etwa die Funktion wie die Heiligen bei den gläubigen Katholiken.

Wie aber verträgt sich das mit dem Gelübde der buddhistischen Mönche, daß sie nicht an übernatürliche Kräfte glauben dürfen? Mein Gesprächspartner lächelt: »Heute gibt es nur noch 37 Nats. König Anawrahta, der Gründer unseres erstes Reiches, versuchte zwar diesen Geisterglauben abzuschaffen, als er im 11. Jahrhundert den Buddhismus in Oberburma einführte. Aber die Menschen haben nie davon abgelassen, so blieben 36 Nats übrig, deren Verehrung er weiterhin erlaubte, weil sie angeblich alle Anhänger der Lehre Buddhas gewesen sind. Über sie setzte er Thagyamin als König der Nats. Diese 37 Nats werden noch heute verehrt.«

Nach meinem Einwand, es seien doch trotzdem noch Geister und ihre Verehrung strenggenommen nicht mit der Lehre Buddhas in Einklang zu bringen, zuckt mein Gegenüber nur ein wenig mit den Schultern, als wolle er sagen: »So ist es aber nun einmal. Ihr Europäer immer mit euren komplizierten Fragen!«

Mir wird in diesem Augenblick der Unterschied zwischen der asiatischen und der europäischen Denkweise besonders deutlich. Das ist nicht immer so gewesen. Als nach der Eroberung Indiens durch Alexander den Großen die abendländische Welt zum erstenmal dem Buddhismus Indiens begegnete, scheint man an dieser Weltanschauung nichts

Ihre Schularbeiten erledigen die beiden Mädchen vor einem der Altäre.

Ein vergoldeter Hintha, der mythische Vogel der Burmanen.

Pagoden sind für die Burmanen nicht nur Andachtsstätten, sondern auch Orte von Begegnung und Kommunikation.

Völlig in Gedanken an Buddha versunken, hockt ein Mann ganz für sich allein in einer der Andachtsnischen.

Das Gemälde in der Sule-Pagode zeigt, wie die Goldplatten auf dem Stupa befestigt sind.

Fremdartiges gefunden zu haben. Das zeigen die »Fragen von Milinda«, die Dialoge der literarischen Figur des Königs Menander mit den Bonzen, die schriftlich überliefert sind.

Und als im 12. Jahrhundert das Papsttum von den menschlichen Verdiensten Buddhas erfuhr, nahm es ihn unter dem Namen Josaphat in den Heiligenkalender auf. Manche Etymologen glauben, Josaphat sei eine im Laufe der Zeit veränderte Form von Boddhisat (das ist ein Anwärter auf die Buddhaschaft). Daß sich die europäische und die asiatische Mentalität heute einander so fremd sind, liegt wahrscheinlich im wissenschaftlichen Geist der Renaissance begründet: Europa wandte sich nach den Erkenntnissen von Galilei, da Vinci, Kepler und anderen Wissenschaftlern dieser Epoche dem Meßbaren zu und dem Fühlbaren ab. Wenn sich die ursprüngliche Denkweise in Burma so rein erhalten hat, liegt es an der selbstgewählten Abgeschiedenheit des Landes, die durch die Geographie noch begünstigt wird. Nach Thailand gibt es über die hohen Berge nur eine Straßenverbindung, über den Drei-Pagoden-Paß. Und nach Indien führt nur eine beschwerliche Landverbindung durch die wilden Berge von Assam.

Da die Menschen zudem innerhalb der Grenzen ihres Landes immer schon alles hatten, was sie zum Leben brauchten, waren sie am Handel und anderen Beziehungen zum Ausland wenig interessiert. Lediglich die Inder segelten schon seit dem 5. Jahrhundert als Händler nach Burma. Deshalb wurden im Lande alle Ausländer entweder als »schwarze Inder« bezeichnet, wenn sie von dem Subkontinent kamen oder als »weiße Inder«, wenn es Europäer oder Amerikaner waren. Die Isolation, in die sich Burma während der sechziger Jahre zurückgezogen hatte, war also nicht etwa unnatürlich, sondern entsprach burmanischer Tradition.

Mit dieser Isolation und Neutralität war es Burma gelungen, nicht in die Kriege hineingezogen zu werden, die einige Nachbarländer in den fünfziger und sechziger Jahren verwüstet hatten.

Während meiner langen Unterhaltung mit Win Pe über die Geschichte seines Landes haben die Sonnenstrahlen auch unseren schattigen Platz erreicht. Es wird heiß, wir stehen auf und verabschieden uns.

Durch den südlichen Treppenaufgang gehe ich wieder aus der Pagode hinaus ins Alltagsleben von Rangun. Wer diesen gemächlich fließenden Verkehr als hektisch empfindet, hat sich inzwischen gut an das burmanische Tempo angepaßt. Und nach dem interessanten Gespräch in der Pagode kommt mir der Verkehr um die Pagode herum diesmal rasend schnell vor...

Menschen, die mit ihrem Dasein zufrieden sind,
haben das Recht,
Veränderungen gegenüber skeptisch zu sein.

(Jörgen Bitsch, Warum lächelt Buddha?)

Rangun – die ungewöhnliche Hauptstadt

Wie beschreibt man Rangun am besten, diese Hauptstadt, die so ganz anders ist als die meisten anderen Hauptstädte der Welt? Diese Stadt ohne große Kaufhäuser, ohne elegante Ladenstraßen, ohne Hochhäuser? Eine Stadt, in der sich außerdem für mich neue Eindrücke mit alten Erinnerungen überlagern, die bis an den Anfang der achtziger Jahre zurückreichen. Aber gerade in Rangun, das ja das einzige Tor zu Burma ist und das man bei jedem Aufenthalt wieder passieren muß, wird besonders deutlich, was sich verändert hat und was gleich geblieben ist. Keinen anderen Ort Burmas habe ich so oft besucht wie Rangun. Was hier an Veränderungen zu erkennen ist, wirkt sich auch, wenngleich wesentlich langsamer, in den anderen Städten des Landes aus. Aber es wird noch lange dauern, bis auch das flache Land davon betroffen ist. Denn die Burmanen sind konservativ.

Die Hauptstadt Rangun bekam erst spät einige Bedeutung. Zwar sollen nach ceylonesischen Chroniken schon vor 2500 Jahren Menschen an der Stelle gesiedelt haben, aber es war sicherlich nicht mehr als ein kleines Fischerdorf. Eine goldene Pagode aber gab es bereits.

Der Aufstieg der Stadt begann eigentlich mit einer Niederlage: Der Ort wurde 1755 von König Alaungpaya erobert, er nannte ihn »Yangon«, auf burmesisch, »Ende vom Streit«. Als der König ein Jahr später auch Syriam erobert hatte, das bis dahin der bedeutende Handelsort im Irradwaddi-Delta gewesen war, übernahm Yangon dessen Aufgaben. Der Aufstieg zur modernen Stadt und Handelsmetropole begann.

Noch eine zweite Niederlage wirkte sich günstig auf die Stadt aus. Die Eroberung der Engländer 1824 festigte die außenwirtschaftliche Bedeutung der Stadt. Zwar brannte sie in jenem Jahre fast vollständig nieder und wurde 1852 während des 2. Anglo-Burmesischen Krieges noch einmal zerstört, aber das schuf Raum für die schachbrettartige Anlage des modernen Rangun mit der Sule-Pagode als Mittelpunkt.

Gleich geblieben ist über all die Jahre, in denen ich es beobachtet habe, das Verhalten der Menschen. Wohl in keiner anderen Hauptstadt der Welt nehmen die Bewohner sich so viel Zeit zur Selbstbesinnung, sind sie so aufgeschlossen gegenüber anderen. Ich erlebte in den Straßen Ranguns immer wieder, daß Menschen mir freundlich in die Augen sahen, daß sie einem Blickkontakt nicht scheu auswichen und daß aus diesem freundlichen Blickkontakt schnell ein Gruß wurde. Man kommt

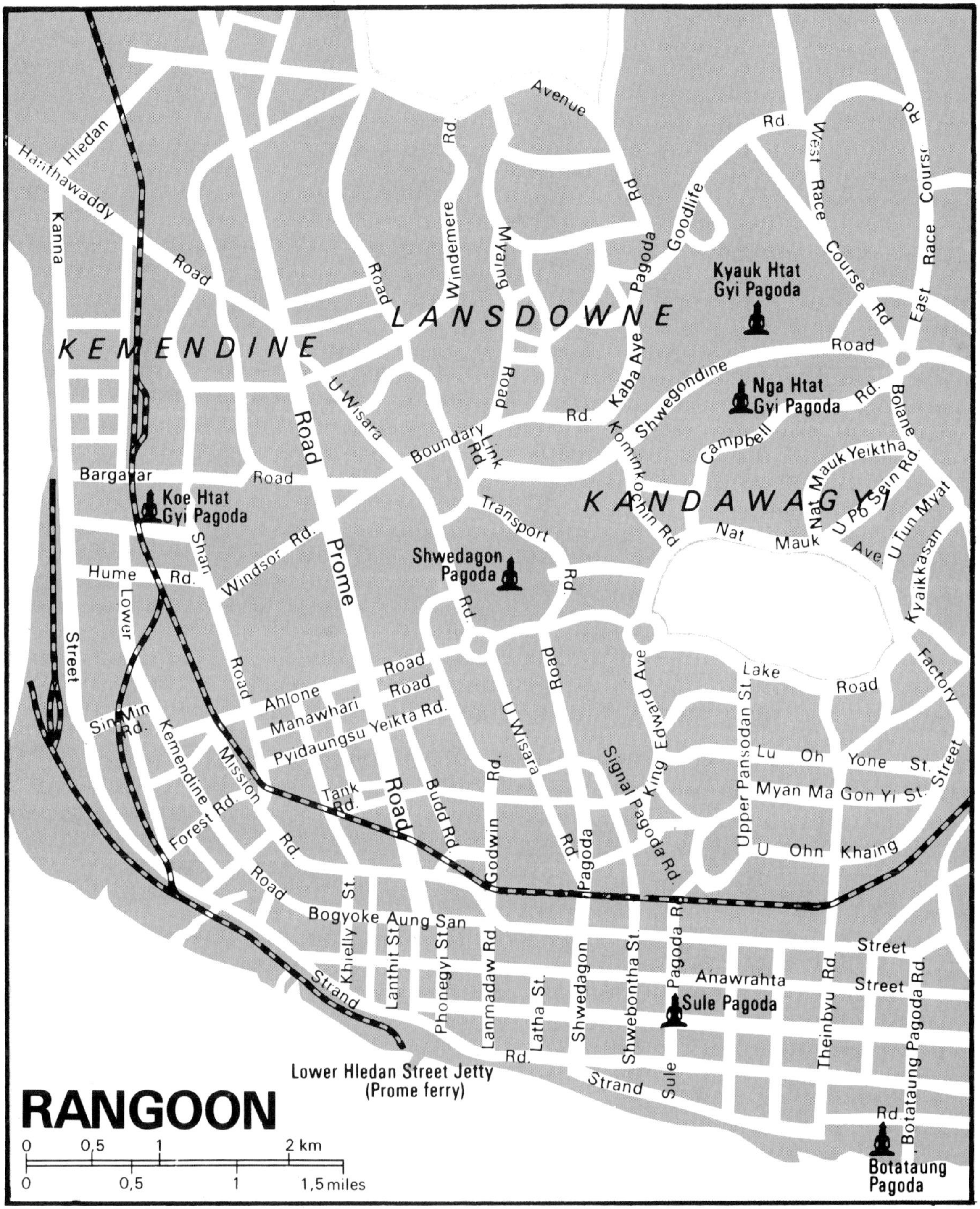
RANGOON
0 0,5 1 2 km
0 0,5 1 1,5 miles
KEMENDINE
LANSDOWNE
KANDAWAGYI
Kyauk Htat Gyi Pagoda
Nga Htat Gyi Pagoda
Koe Htat Gyi Pagoda
Shwedagon Pagoda
Sule Pagoda
Botataung Pagoda
Lower Hledan Street Jetty (Prome ferry)
Hledan
Hanthawaddy Road
Kanna
Road
Windemere Rd.
Myaing Road
Avenue
Pagoda Rd
Goodlife
Rd.
West Race Course Rd
East Race Course Rd
Kaba Aye
U Wisara
Prome Road
Boundary Rd.
Link Rd
Shwegondine Road
Campbell
Bolane
Yeiktha
Nat Mauk
Sein Rd
U Po
U Tun Myat
Bargayar Road
Transport
Kominkochin Rd
Nat Mauk Ave
Kyaikkasan
Shan Rd.
Windsor Rd.
Hume Rd.
Lower Kemendine Rd.
Street
Factory
Lake Road
Ahlone Road
Manawhari Road
Pyidaungsu Yeikta Rd.
Sin Min Rd.
Kemendine
Mission Rd.
U Wisara Rd.
Signal Pagoda Rd.
King Edward Ave
Upper Pansodan St.
Lu Oh Yone St.
Myan Ma Gon Yi St.
U Ohn Khaing Street
Tank Rd.
Budd Rd.
Godwin Rd.
Pagoda Rd.
Forest Rd.
Road
Bogyoke Aung San Street
Anawrahta Street
Khielly St.
Lanthit St.
Phonegyi St.
Lanmadaw Rd.
Latha St.
Shwedagon
Shwebontha St.
Sule Pagoda Rd.
Theinbyu Rd.
Botataung Pagoda Rd.
Strand
Strand Rd.

Rangun zur Hauptverkehrszeit.

Grellbunte Kinoplakate für Liebes- und Actionfilme stehen in einem scharfen Kontrast zu den vielen rotgekleideten Mönchen im Stadtbild.

Die Linienbusse in Rangun sind ständig überfüllt.

In ihren luftigen Körben transportieren die beiden Männer Geflügel.

mit den Burmanen leicht ins Gespräch. Da gerade gebildete Gesprächspartner jede Gelegenheit nutzen, Gedanken mit ausländischen Besuchern auszutauschen, bleiben solche Gespräche auch nicht oberflächlich. Wenn die Burmanen erst einmal wissen, woher der Fremde kommt und wie es ihm im Lande gefällt, kann man sich mit ihnen gut über Religion, Philosophie und Geschichte ihres Landes unterhalten. Gerade solche Gesprächspartner machen sich aber immer häufiger Luft über ihre Unzufriedenheit mit der politischen Führung. Die Kommentare zur Politik der Militärregierung sind in den letzten Jahren zunehmend bitterer geworden. Denn das Land hat wachsende wirtschaftliche Schwierigkeiten. Die Bevölkerung wartet auf Reformen und eine Abkehr von der staatlich gelenkten Wirtschaft. Studenten hoffen, sich wieder in ihren Vereinigungen betätigen zu dürfen, die schon vor Jahren verboten worden sind. Eine organisierte Opposition gibt es in Burma nicht, aber 1987 wurde ausgerechnet im Militär, der Machtbasis des Parteichefs U Ne Win, Kritik an seiner Wirtschaftspolitik laut. Die Polizei verhaftete 200 meist jüngere Offiziere. Im Frühjahr und Sommer 1988 kam es in Rangun wieder zu Studentenunruhen, die vom Militär brutal niedergeschlagen wurden.

Unverändert ist die äußere Erscheinung der Burmanen. Noch immer tragen Männer wie Frauen ihr traditionelles Kleidungsstück, den Longhi (sprich Londschi); die Männer gestreifte oder karierte, die Frauen geblümte. Selten nur trägt jemand Hosen.

Aber auch Veränderungen gibt es: Der Verkehr in Rangun ist dichter geworden, wenngleich er immer noch recht ruhig rollt. Die großen, oft amerikanischen Wagen aus den fünfziger Jahren sind im Stadtbild seltener geworden. Wegen ihrer durstigen Motoren und der hohen Preise für die Mangelware Treibstoff haben sich die Autofahrer auf modernere Autos umgestellt.

Ganz verschwunden sind die kleinen, dreirädrigen japanischen Taxis, die für die zierlichen Körper von Asiaten konstruiert waren, und in denen man als Europäer nur sitzen konnte, wenn man die Knie fast bis an die Ohren hochzog. Aber billig waren sie gewesen. Die Regierung hat diese Fahrzeuge nun aus der Hauptstadt in die Provinz verbannt.

Seltener sind auch die Trishaws geworden, die Fahrräder mit Beiwagen, die früher in großer Zahl vor dem Strand-Hotel gestanden hatten. Heute muß man schon die Strand Road ein Stück abwärts gehen, um noch solche billigen Transportmittel zu finden. Aber deren Fahrer bieten im Gegensatz zu früher kaum noch einem Europäer eine Fahrt an. Für die Einheimischen sind die Trishaws aber ein unentbehrliches Transportmittel geblieben, mit dem sie sogar ihre Lasten befördern lassen.

Unverändert ist auch der viktorianische Charakter der Innenstadt. Schachbrettartig wurde sie mit der Sule-Pagode als Mittelpunkt während der Kolonialzeit angelegt. Das Oberste Gericht am Maha Bandoola Park und auch das Rathaus der Stadt Rangun sind eindeutige Kolonialbauten. Zwar hat man versucht, das Rathaus etwas burmanischer aussehen zu lassen, indem man leichte, filigrane Bauelemente eingezogen hat, die an Holzschnitzereien an Pagoden und Palästen erinnern, doch der viktorianische Einfluß ist übermächtig. Mit diesem protzigen Baustiel hatten die Engländer den kolonisierten Völkern einmal die Überlegenheit ihrer Kultur zeigen wollen. Heute gehen die Burmanen damit recht respektlos um: In einst prachtvollen Portalen stehen Verkaufsstände, die Türen etlicher Gebäude sind vernagelt und aus den Fenstern hängt Wäsche.

Unverändert sind auch die Märkte der Stadt. Und da kann ich nicht nur einen Vergleich seit Anfang der achtziger Jahre ziehen, schon George Orwell, der in den zwanziger Jahren als Polizeioffizier in Burma diente, hat diese heute noch zu beobachtenden Marktszenen in seinem Buch »Tage in Burma« beschrieben: »Da gab es große Grapefruits, die wie grüne Monde an Leinen hingen, rote Bananen, Körbe mit heliotropfarbenen Garnelen

Milde lächelnd sieht der 70 Meter lange liegende Buddha von Kyauk Htat Kyi über die Andächtigen hinweg.

Wer Tieren Gutes tut, etwa gefangene Vögel freiläßt oder Tauben füttert, erwirbt sich ein religiöses Verdienst.

Das Stadtbild Ranguns ist von den viktorianischen Bauten der Kolonialzeit geprägt.

Im Innenhof der Botataung-Pagode.

Rangun ist eine Hauptstadt ohne Kaufhäuser. Ihre Lebensmittel kaufen die Menschen auf den Märkten.

von Hummergröße; in Bündeln gebundenen spröden Dörrfisch, karminrote Paprikaschoten, aufgeschlitzte und wie Schinken geräucherte Enten; grüne Kokosnüsse, die Larven des Rhinozeroskäfers, Abschnitte von Zuckerrohr, Dahs, lackierte Sandalen, karierte seidene Longhies; Aphrodisiaka in Form von großen, seifenartigen Pillen, meterhohe glasierte, irdene Krüge, chinesische Bonbons – aus Knoblauch und Zucker gemacht –, grüne und weiße Zigarren, purpurne Prinjals; Halsketten aus Dattelkernen, Hühner, die in Rohrkörben gackerten, Messing-Buddhas, herzförmige Betelblätter, Flaschen mit Bullrich-Salz, falsche Zöpfe; Kochtöpfe aus rotem Ton, Stahlhufe für Ochsen, Marionetten aus Papiermaschee, Streifen von Alligatorhaut mit Zauberkraft.« Auf dem Bogyoke-Market, auf dem chinesischen Markt und erst recht auf den Märkten der Provinz kann man solche Szenen auch heute noch beobachten.

Immer noch ist Rangun eine Stadt, in der die Pagoden die höchsten Gebäude sind. Neben der Sule und Schwedagon lohnt es sich, auch einige weitere Pagoden zu besuchen, weil sie so unterschiedlich sind. Da ist einmal die Botataung-Pagode, nur wenige hundert Meter vom Strand-Hotel entfernt. Sie wurde vor über 2000 Jahren gegründet, als acht indische Mönche an dieser Stelle Reliquien Buddhas an Land brachten. Dabei hatten eintausend Offiziere (burmanisch: »botataung«) Spalier gestanden. Im November 1943 war

Der Eingang zu einem Bürohaus, in dem Rechtsanwälte arbeiten.

diese Pagode von einem Bomben-Volltreffer der Alliierten zerstört worden. Die alten Legenden bestätigten sich, tatsächlich fand man in den Trümmern einen kleinen Stupa, der ein Haar Buddhas und zwei weitere Reliquien enthielt. Auch etwa 700 goldene, silberne und bronzene Statuen wurden bei den Aufräumungsarbeiten freigelegt. Einen Teil der Funde kann man heute in Ausstellungsräumen der Pagode besichtigen.

Besonders aber lohnt sich ein Rundgang durch den Stupa, der, anders als bei den anderen Pagoden, hohl und begehbar ist. Er wurde innen labyrinthartig mit einem Mosaik aus Spiegeln verkleidet – ein interessantes Spiel der Lichteffekte...

Aus neuerer Zeit stammt die Weltfriedenspagode. U Nu, der erste Ministerpräsident Burmas, ließ sie zwischen 1950 und 1952 bauen. Obgleich die Pagode noch so neu ist, gibt es schon eine Legende über ihre Entstehung: Einem meditierenden Mönch soll eine in weiß gekleidete Gestalt eines Greises erschienen sein, der ihm einen Bambusstab mit der Aufforderung übergab, diesen an den Ministerpräsidenten weiterzugeben und ihn aufzufordern, etwas für die Stärkung des Buddhismus zu tun. Mit dem Bau der Pagode kam U Nu dieser Aufforderung nach.

Die Pagode spielte auch eine Rolle bei der sechsten buddhistischen Synode, die 1954 bei der Weltfriedenspagode stattfand. Für diese Synode hatten gläubige Buddhisten ohne Arbeitslohn eine große künstliche Grotte gebaut, in der 10000 Menschen Platz finden. Die Grotte sollte an die Satta Panni Grotte erinnern, in der kurz nach Buddhas Tod die erste Synode abgehalten worden war. Mich erin-

Der Stand eines Buchhändlers in der Nähe des Bogyoke-Marktes.

nert sie eigentlich mehr an die kühle Funktionalität einer Fabrikhalle.

Erst Ende der sechziger Jahre wurde der 70 Meter lange, liegende Buddha der Kyauk Htat Gyi Pagode fertig. Er löste eine Figur ab, die um die Jahrhundertwende erbaut war, aber in der Statik etwas verunglückt gewesen war und deshalb eher einem sitzenden Buddha geglichen hatte.

Sehr modern sind die Figuren in dem kleinen Park um die Mai La Mu Pagode im Ranguner Stadtteil Okkalapa, die Szenen aus dem Leben Buddhas darstellen. In ihrer bunten, naiven Darstellungsweise wirken sie auf mich wie ein buddhistisches Disney-Land.

Unverändert ist das Straßenbild Ranguns, nur die bunten Filmplakate, die auf Streifen aus eigener Produktion, aber auch auf ausländische Filme hinweisen, sind scheinbar ausgewechselt. Geschäfte sind zur Straße hin offen. Ihr Inhalt ergießt sich fast auf die Bürgersteige, Handwerker arbeiten in ihren ebenfalls offenen Werkstätten und freuen sich über einen interessierten Besucher.

In dem Geschäftsviertel am Hafen hocken Straßenhändler auf den Bürgersteigen. Sie bieten Gebrauchsgegenstände des Alltags und sogar magische Medizinen an. Auf einem burmanisch und englisch beschrifteten Zettel neben vertrockneten Hautbällen steht, es handle sich um Bärenhoden.

Ein Händler für Zaubermittel bietet auf der Straße Tierschädel, Gebisse, Schlangenhäute und andere magische Medizinen an.

Über die Landungsbrücken am Hafen bringen Arbeiter eine Schiffsladung säckeweise an Land.

Wofür man sie verwendet, will ich von der alten Händlerin wissen. Sie sagt nichts, aber ihre Handbewegung zeigt deutlich, daß sie zur Stärkung der Manneskraft dienen.

Wahrsager bieten ihre Dienste an. Oft hockt jemand vor ihnen und lauscht gebannt den schicksalsbestimmenden Antworten. Burmanen treffen nur ungern wichtige Entscheidungen, ohne vorher Wahrsager und Astrologen befragt zu haben.

Gleich geblieben ist in all den Jahren das in Ehren heruntergekommene Strand-Hotel, das noch immer zu den besten Hotels Ranguns gehört. In einer Vitrine gegenüber der Rezeption liegen die »lost properties«, die in den Zimmern von Gästen

liegengelassenen Gegenstände, die mittlerweile so eingestaubt sind, als hätten schon Zeitgenossen von Somerset Maugham sie in ihren Zimmern vergessen. Betrüblich stimmen die wenigen Flaschen im Glasregal der Hotelbar. Sie ist sicherlich zu Zeiten der Engländer besser sortiert gewesen...

Wenig verändert hat sich der Betrieb im Hafen. Noch immer setzen die über Kreuz geruderten Sampans, deren Ruderer in die Fahrtrichtung schaut, für ein paar Pyas Passagiere über den Fluß.

Und noch immer nisten Vögel in einem Schaltkasten eines Lichtmasts am Hafen. Doch im Laufe der letzten Jahre ist von dem Kasten ein wenig Farbe abgeblättert...

Dieser Verteilerkasten an einem Lichtmast im Hafen dient schon seit vielen Jahren einem Vogelpaar als Nistplatz.

Herrlich erhob sich die Schwedagon, glänzend golden, strahlend über dem Rauch und Nebel der blühenden Stadt, wie eine plötzliche Hoffnung in der Seele dunkler Nacht, von der uns die Mystiker berichten.

(W. Somerset Maugham, The Gentleman in the Parlour)

Schwedagon – Burmas schönste Pagode

Der Weg zur Schwedagon-Pagode ist sehr symbolisch: Durch den schattigen, halbdunklen Treppenaufgang steige ich Stufe für Stufe langsam nach oben. Vorbei an buddhistischen Devotionalien, Blumen, bunten Papierschirmen, Glocken, Räucherkerzen, Buddhastatuen, die neben alltäglichen Gebrauchsgegenständen und Souveniers stehen.

Dieses religiöse und weltliche Angebot hinter mir lassend, trete ich hinaus ins Licht. Hinaus auf die helle, sonnendurchflutete und farbenfrohe Plattform der Schwedagon, deren goldener Stupa unwirklich in der Sonne glänzt. So wie dieser Weg zur Pagode sollte auch der Weg des gläubigen Buddhisten verlaufen – er sollte alles Weltliche hinter sich lassen, langsam aufsteigen bis zur Erleuchtung, bis zum Eingang in das Nirwana.

Etwas benommen von der Pracht und dem Glanz gehe ich im Uhrzeigersinn um die Pagode herum. Und ich bekomme gleich Nachhilfestunden in Physik. Rund um die Pagode ist ein Weg aus hellen Steinen zwischen dunkleren Fliesen. Die dunklen Steine habe die Nachmittagssonne gespeichert, was meine noch nicht vom Barfußlaufen abgehärteten Europäerfüße schnell spüren. Kaum habe ich einen Schritt auf die dunklen Steine getan, da springe ich auch schon mit schmerzverzerrtem Gesicht auf die hellen Fliesen zurück. Mir war buchstäblich der Boden unter den Füßen zu heiß geworden. Ich wage gar nicht auszudenken, was geschehen wäre, wenn ich versehentlich auf einen der eisernen Gullydeckel getreten wäre. Während der heißen Jahreszeit, von März bis Mitte Mai, halten sogar die Burmanen die Hitze unter den Füßen nicht aus. Dann werden auf der Sonnenseite des Plateaus Matten ausgelegt, auf denen die Gläubigen gehen können.

Auf den ersten Blick erscheint die Umgebung des klaren, glatten, goldenen Stupas der Schwedagon chaotisch. Große und kleine Pagoden, Andachtshallen und Tempel in den verschiedensten Bauformen und Stilen des buddhistischen Asien stehen scheinbar planlos auf dem Plateau.

Erst ein Blick in einen Bauplan der Pagode läßt Systematik erkennen: Der Stupa, von dem man erzählt, er sei mit mehr Gold belegt als in der Bank von England lagere, steht in der Mitte der Plattform. Seine Basis ist achteckig und auf jeder der acht Seiten stehen acht weitere kleine Stupas, also insgesamt 64. Die jeweils den Treppenaufgängen gegenüberliegenden Stupas sind größer. Weitere Ecken werden von Andachtsstellen gesäumt, die den einzelnen Planeten gewidmet sind. Die Gläubi-

Wegen ihrer Glockenform wirkt die Schwedagon-Pagode keineswegs wuchtig...

...ihre Höhe von 116 Metern wird erst deutlich, wenn man die Größe von Menschen mit den unteren Stufen des Stupa vergleicht.

gen opfern Kerzen, Räucherstäbchen, Blumen und übergießen die Figuren mit Wasser. Den einzelnen Andachtsstellen sind besondere Wochentage zugeordnet. Am jeweils »aktuellen« Altar herrscht besonders viel Betrieb. Der Wächter neben dem Altar ist vollauf damit beschäftigt, geopferte Blumen wieder aus den Vasen zu nehmen und achtlos beiseite zu werfen, um Platz für neue Opfer zu machen – beschleunigte Vergänglichkeit. Während ich noch mit Hilfe des Planes versuche, ein System in dem Gewirr von Pagoden und Tempeln um den Stupa herum zu entdecken, wird es plötzlich lebhaft; eine Prozession von Männern und Frauen kommt näher, alle festlich gekleidet, in ihrer Mitte ein prächtig, wie ein burmanischer Prinz gekleideter Junge, der von seinen Verwandten ins Kloster gebracht wird.

Diese shin-pyu-Feier, die Aufnahme des Novizen in den Mönchsorden, ist einer der wichtigsten Augenblicke im Leben eines jungen Burmanen. Zwischen seinem neunten und elften Lebensjahr, wenn er eine gewisse geistige Reife zeigt, geben seine Eltern ihn in ein Kloster. Auf dem Weg dorthin ist er noch wie ein burmanischer Prinz gekleidet, er geht nicht selbst, sondern wird im Auto gefahren, reitet auf einem Pferd oder wird von einem Verwandten getragen. In der Nacht vor dem Eintritt in das Kloster bereiten die Eltern den Mönchen des Klosters ein üppiges Mahl. Im Laufe des nächsten Vormittages legt der Junge seine prunkvollen Gewänder ab, seine Haare werden nach Art der Mönche geschoren und er legt die roten Mönchsgewänder an.

Bereits in den Wochen vor der Aufnahme in das Kloster hat er gelernt, wie er sich nun zu verhalten hat. Die Zeit der Kindheit ist für den Jungen damit vorbei. Während des Aufenthaltes im Kloster, der meist nur ein paar Tage, seltener mehrere Monate dauert, müssen sogar die Eltern ihn ehrenvoll ansprechen.

Für die Familien ist shin-pyu ein prunkvolles Fest, für das sie oft ihre letzten Ersparnisse opfern, um ihre Söhne möglichst prächtig einzukleiden und das ganze Dorf oder in der Stadt zumeist die Nachbarn zu bewirten.

Im Laufe seines Lebens kann ein Buddhist jederzeit wieder in die Mönchsgemeinde eintreten. Etliche Burmanen nutzen die Gelegenheit, um für einige Zeit zu sich selbst zu finden. Für andere ist das eine Art Sozialversicherung oder Altersversorgung, wenn die Verwandten nicht in der Lage sind, sie zu ernähren.

Während ich noch gespannt der Prozession nachschaue, die den Stupa umkreist, sagt jemand neben mir leise und zurückhaltend: »Spreken Deutsch?« Der Mann hat ein schmales, intellektuell wirkendes Gesicht. Fast schüchtern fährt er auf englisch fort: »Hier im Kloster der Schwedagon wohnt seit 38 Jahren ein deutscher Mönch. Wollen Sie mit ihm sprechen?«

Durch den Goldenen Treppenaufgang gehen wir hinunter in stille Gärten, wo das Kloster unter hohen, schattenspendenden Bäumen liegt. Aus dem Dunkel seiner Zelle kommt mir im roten Mönchsgewand ein kahlgeschorener Mann von unverkennbar europäischem Aussehen entgegen. Nachdem ich in diesen Gewändern bisher nur die dunkelhäutigen asiatischen Mönche gesehen habe, wirkt er auf mich sehr bleich.

Aufrecht und selbstbewußt steht er vor mir und stellt sich auf deutsch als Friedrich Lustig vor, der den Mönchsnamen Ashin Ananda angenommen hat. Bei einem Glas Tee erzählt er mit viel Temperament seine abenteuerliche Lebensgeschichte. Er liebt die großen Gesten und wechselt manchmal sogar innerhalb eines Satzes von der deutschen zur englischen Sprache und wieder zurück.

Er wurde am 26. April 1912 in Narva in Estland geboren. Sein Vater war Goldschmied am zaristischen Hof in St. Petersburg gewesen. Nach der Oktoberrevolution von 1917 machte der Vater in Narva ein eigenes Geschäft auf. Die künstlerischen Fähigkeiten seines Sohnes ließ er schon in der Schulzeit fördern. Und so tat der junge Friedrich

Andächtig übergießen eine Muttter und ihre Tochter die kleine Buddhastatue mit Wasser.

Die Maha-Ganda-Glocke hat eine bewegte Geschichte hinter sich.

Lustig sich am Gymnasium von Narva als Zeichner und Musiker hervor, der auch früh eine Sprachbegabung zeigte.

»Der wichtigste Einschnitt in meinem Leben war im Jahre 1930«, erzählt der heutige Ashin Ananda weiter, »ich bekam mein Abschlußdiplom vom Gymnasium und traf meinen späteren Guru, Karlis A. M. Tennisons, der den Mönchsnamen Vagindra Mantramitra trug. Und noch im selben Jahr kam die thailändische Prinzessin Aditya Diya-Abbha zu einem Besuch nach Estland. Sie lud meinen Lehrer und mich ein, nach Thailand zu kommen, das damals ja noch Siam hieß. Am 27. November 1930 wurde ich dann Mitglied des Heiligen Buddhistischen Ordens, zuerst als Novize, später als Mönch.«

Bevor sie ins Kloster gehen, besuchen die wie Prinzen geschmückten Jungen mit ihren Angehörigen die Schwedagon-Pagode.

Friedrich Lustig lebt schon seit 1949 als Mönch in Burma. Mit ihm habe ich mich lange über burmanische Poesie unterhalten.

Die kleinen Kinder haben Mühe, den großen Holzstößel zu halten, mit dem die Glocke angeschlagen wird.

Bevor er die Einladung nach Thailand annahm, ging der sprachbegabte Este nach Paris, um dort Sanskrit, Tibetanisch und Chinesisch zu studieren. »Im Dezember 1931 schiffte ich mich in Marseille nach Bangkok ein. Wir lebten in Thailand in mehreren königlichen Klöstern, darunter im Wat Jetubon (Wat Pho), nahe dem Königspalast. Außerdem besuchte ich Klöster in China. Während des Zweiten Weltkriegs waren wir in Thailand und gingen am 8. September 1949 nach Burma.« Der Staat war damals gerade kurze Zeit unabhängig.

Nachdem sich meine Augen an das Halbdunkel der Mönchszelle gewöhnt haben, kann ich im Hintergrund ein einfaches Bett unter einem Moskitonetz erkennen. Bücherstapel liegen an mehreren Stellen im Raum, dazwischen Papierblätter voller Notizen – die Unterkunft eines Gelehrten. Ich sage es Ashin Ananda und er freut sich: »Ja, ich habe burmanische Gedichte aus mehreren Jahrhunderten ins Englische übersetzt.« Ein buddhistischer Père de Foucauld an der Schwedagon-Pagode? Der französische Pater de Foucauld hatte in der Zeit vor dem Ersten Weltkrieg in einer Einsiedelei, die ich im Hoggar-Gebirge in der Zentralsahara einmal besucht habe, Poesie der Tuareg übersetzt und damit erstmals Europäern zugänglich gemacht. Diesen Vergleich wehrt Ashin Ananda bescheiden ab. Aber über das Wesen burmanischer Poesie spricht er gern. Und dabei wird seine Liebe zu diesem Volk deutlich: »Der burmanische Geist ist von fragender Natur. Und jeder denkt unvermeidlich über die Mächte des Schicksals und des Leidens auf dem Lebensweg nach. Antwort auf diese Fragen gibt der Buddhismus, und so haben die buddhistischen Gedanken einige der schönsten burmanischen Gedichte inspiriert. Die beiden buddhistischen Mönche Shin Uttamagyaw und Shin Maha Rahtathara, die an der Wende vom 15. zum 16. Jahrhundert lebten, haben beispielsweise solche Gedichte geschrieben, die zu den Meisterwerken burmanischer Poesie gehören. Sie lebten in einer Epoche der Begeisterung für geistige Fragen.«

Ashin Ananda steht auf, um aus dem Kopf auf Englisch zwei der wesentlichen Strophen aus dem Gedicht »Kogan Pyo« von Shin Maha Rahtathara zu rezitieren:

»Weltliche Schätze sind nichts wirkliches, sie kann man verlieren, durch einen regierenden König, einen unfreundlichen, sie können von Räubern geplündert werden, sie können von übelwollenden Feinden zerstört werden, sie können von Fluten ruiniert oder von Feuer verbrannt werden, immer drohen diese fünf Gefahren, aber es gibt auch etwas, das kann niemand rauben, es gibt auch etwas, das kann niemand zerstören, es ist unermeßlich, unbezahlbar und unerschöpflich, das sind die unsterblichen geistigen Werte. Sie können sich ansammeln, wenn man weit entfernt von den Massen lebt, ganz allein in den Wäldern.«

Aber auch die Geschichte der Schwedagon-Pagode, in der er so lange lebt, kennt Ashin Ananda gut: »Dieser Hügel war schon eine geheiligte Stätte, als Siddharta Gautama, der spätere Buddha, noch ein junger Mann in Nordindien war. Denn dort befanden sich die Reliquien der letzten drei Buddhas. Da aber schon fast 5000 Jahre vergangen waren, und der nächste Buddha nach jeweils 5000 Jahren geboren werden soll, verbrachte König Okkalapa, der damals hier in der Nähe des Hügels lebte, viele Stunden in Gebet und Meditation, in der Hoffnung, nun auch Reliquien des nächsten Buddhas zu erhalten, damit die Stelle geheiligt bleibe. Kurz nach seiner Erleuchtung erschien Gautama dem meditierenden König und sagte ihm, sein Wunsch werde ihm in Erfüllung gehen.«

Wortreich und mit lebhaften Gesten, die ihn viel jünger wirken lassen, schildert Ashin Ananda die Legende, nach der zwei Kaufleute aus Burma dem Buddha einen Honigkuchen schenkten, für den er sich bedankte, indem er sich acht Haare ausriß und sie den beiden Kaufleuten als Reliquien mitgab. Doch auf der Heimreise wurden ihnen vier dieser Haare geraubt. Trotzdem gab der König nach ihrer

Am Abend herrscht in den Planeten-andachtsstellen immer besonders viel Betrieb.

Andächtig hockt eine Familie vor dem liegenden Buddha.

Rings um den großen Stupa der Schwedagon-Pagode stehen viele kleine Pagoden in unterschiedlichen architektonischen Stilrichtungen.

Rückkehr ein großes Fest, und als man den Kasten mit den Reliquien öffnete, da waren wunderbarerweise wieder alle acht Haare vorhanden. Taube konnten wieder hören, Stumme wieder sprechen und Lahme wieder gehen. Dann ergoß sich ein Regen aus Edelsteinen über die Anwesenden, bis er ihnen an die Knie reichte. »Über dem Reliquienschrein aber wurde damals eine 20 Meter hohe Pagode errichtet«, endet Ashin Ananda die Legende der Schwedagon. Sie wurde im Laufe der Jahre immer wieder vergrößert, bis zur heutigen Höhe von 116 Metern.

Auch die Geschichte der Maha Ganda, der großen Glocke der Schwedagon-Pagode, erfahre ich von Ashin Ananda, der froh zu sein scheint, einmal wieder in seiner Muttersprache reden zu können: »Nach dem britisch-burmanischen Krieg von 1825 wollten die siegreichen Engländer die Glocke, die 1778 gestiftet worden war, als Beute nach Indien schaffen. Aber beim Transport fiel sie in den Rangun-Fluß. Die Engländer schafften es auch mit ihren vielen technischen Hilfsmitteln nicht, die Glocke zu bergen. Wahrscheinlich nur deshalb erlaubten sie den Burmanen den Versuch, die Glocke selbst zu heben; und die schafften es, mit dem Glauben an das Gelingen und asiatischer Geduld. Der Fluß gab den Burmanen zurück, was er den Engländern verweigert hatte. Und so hängt die Glocke heute wieder an ihrem alten Platz.«

Als ich die Zelle verlasse und wieder zum Plateau hinaufsteige, ist es dort lebhafter geworden. Die Sonne steht tiefer, die größte Nachmittagshitze ist vorbei, Burmanen kommen zur Schwedagon, um Andacht zu halten, und zu flanieren. Noch etwas später geht eine Gruppe von etwa 20 Frauen im Uhrzeigersinn um die Pagode herum, fegt mit Besen den Staub des Tages zusammen und erwirbt sich damit ein religiöses Verdienst.

Der Andrang vor den Planetenandachtsstellen ist noch größer geworden. Flackernde Kerzen erhellen die Gesichter der Gläubigen, während sie die Buddhastatuen mit Wasser übergießen und die kurze tropische Dämmerung den Himmel immer dunkler werden läßt.

Geflügelte Fabelwesen bewachen die Ecken des Pagoden-Sockels.

Nur wenige überqueren den Fluß der Zeit
und erreichen das Ufer der Erlösung.
Die meisten laufen dieseits des Flusses am Ufer auf und ab

(Dhammapada – Sammlung der Reden Buddhas)

Syriam – eine Fahrt zur schwimmenden Pagode

An Bord herrscht ein unübersichtliches Gewusel. Augen und Ohren sind fast überfordert, alle Eindrücke aufzunehmen. Händler bieten auf der Fähre über den Rangun-Fluß nach Syriam laut schreiend ihre Waren an. Frauen und Männer fahren mit ihren Waren, die sie in Rangun eingekauft haben, auf die andere Flußseite. Fliegende Händler tragen auf Tabletts getrocknete rote Beeren, die schon etwas eingeschrumpelt sind und gelbe Mangos, die sie mit einem roten Pulver bestreut haben. Sie bieten Papayas, Zigaretten und Cheeroots, die dicken, grünen burmanischen Zigarren an. Hin und wieder spuckt jemand in hohem Bogen roten Betelsaft ins Wasser, nach dem die Möven schnappen und dann entäuscht abdrehen, weil sich der rote Fleck nicht schnappen läßt. Ein junges Mädchen verkauft dünne Brezeln. Frauen tragen auf dem Kopf ihre Lasten auf die Fähre, es sind Bananenstauden und Pakete, deren Inhalt man nicht erkennen kann. Männer karren Reissäcke auf das Schiff, irgendwo liegt ein Bündel mit aus Stroh geflochtenen Fächern. Ein großer, neuer Autoreifen fliegt klatschend auf die Decksplatten. Und über allem schwirrt das lärmende Gewirr der Stimmen. Draußen tuckert müde ein Boot vorbei, es ist so schwer beladen und liegt so tief im Wasser, daß man meint, die nächste größere Welle würde es vollaufen lassen. Aber hier auf diesem trägen, lehmigen Fluß gibt es keine Wellen. Die Möven haben sich von der allgemeinen Hektik anstecken lassen und schreien mit den Fahrgästen um die Wette.

Endlich schrillt eine Trillerpfeife, und das Schiff legt ab. Sofort werden die Menschen ruhiger, ihre Rufe leiser, nur noch der eine oder andere Händler versucht schreiend etwas an den Mann zu bringen. Dann kehrt Ruhe im Schiff ein.

Wie ein kleines Kind möchte ich von einer Seite der Fähre zur anderen laufen, um all diese Eindrücke aufnehmen zu können. Halbmondförmige Boote ziehen vorbei, sie sind oft bis an die Wasserkante beladen. Golden schimmert die Schwedagon-Pagode herüber, ein etwa zehn Jahre alter Junge hebt bei ihrem Anblick die Hände andächtig vor sein Gesicht. Die Fähre schiebt sich an den über Kreuz geruderten Sampans mit den hochgezogenen Schnabelhecks vorbei. Dann wird der Fluß breiter, die Ufer treten zurück, die ersten großen Seeschiffe sind zu sehen. Das Schiff bleibt nicht auf dem Rangun-Fluß, sondern biegt in einen Nebenarm ein.

Am Anleger von Syriam strömen die Menschen an Land, auf sie warten schon Taxis, Busse und

Die Fähre über den Rangun-Fluß nach Syriam ist fast immer voll besetzt.

Der Steuermann muß seine Fähre zwischen vielen kleinen Schiffen im Hafen von Rangun hindurchsteuern, um nach Syriam zu kommen.

Fliegende Händler, wie diese beiden Jungen mit ihren Zigarretten, bieten den Reisenden alle möglichen Waren an.

Auf dem Weg nach Syriam versperren uns plötzlich Wegelagerer die Straße.

Golden glänzt die große Pagode von Syriam zwischen den vielen kleinen, sie umgebenden kleinen Stupas.

Die beiden Jungen sind fasziniert von den vielen Symbolen in einem »Fußabdruck Buddhas«.

Pferdekutschen. Für 50 Kyat will mich ein Kutscher durch Syriam fahren, ich handle ihn auf 40 Kyat herunter, er ist mit dem Handel zufrieden, singend geht er zu seiner Kutsche. An villenartigen Häusern vorbei fahren wir Richtung Syriam.

Plötzlich sind Wegelagerer vor uns. Sie tragen helle Strohhüte, die in der Sonne glänzen und bilden eine Kette quer über die Straße. Als sie sehen, daß in der Kutsche ein Europäer sitzt, stürzen sie uns mit lautstarkem Gejohle entgegen. Die schlanken Wegelagerinnen strecken mir Sammelbüchsen entgegen und versuchen mich mit charmantem Lächeln und kokettem Augenaufschlag dazu zu bewegen, meine Spende in gerade ihre Aluminium-Sammelbüchse zu stecken. Und ich gebe ihnen gern, als ich höre, daß sie für die Renovierung einer Schule sammeln. Selten habe ich charmantere Wegelagerer erlebt.

Ich genieße diese Fahrt trotz der Ruckelei der einachsigen Kutsche, von der jede Bewegung des Pferdegalopps übertragen wird. Aber das Tempo ist so langsam, daß ich viele Eindrücke aufnehmen kann.

In der goldenen Pagode von Syriam bin ich der einzige Besucher, nur zwei kleine Jungen begleiten mich neugierig und lächeln jedesmal nur verlegen, wenn ich zu ihnen hinübersehe oder mit ihnen spreche. Am Fuße der Pagodentreppe habe ich für ein paar Kyat Blumen gekauft, und stelle sie vor der Buddha-Figur in eine Vase. Ein Mann, der im

Die Schwedagon-Pagode in Rangun gilt als die Schönste im Lande.

Wenn es Abend wird, fegen Frauen das Plateau der Pagode, um sich ein religiöses Verdienst zu erwerben.

Auf den Altären opfern Gläubige Räucherkerzen.

Golden glänzen die Buddhastatuen
in der Abendsonne.

Am Abend kommen die Menschen aus Rangun zum Plateau der Pagode, um Andacht zu halten.

Wie burmanische Prinzen geschmückt, werden die Jungen von ihren Verwandten ins Kloster gebracht.

Von den vielen rituellen Waschungen hat die kleine Buddhastatue schon ihre Vergoldung eingebüßt.

Die Vergänglichkeit der Blumen soll den Opfernden an das Ende seines eigenen Lebens erinnern.

103

Die Straßen im Zentrum von Rangun werden von der viktorianischen Kolonialarchitektur geprägt.

Das Foto kann nur die Farben, aber nicht die Gerüche vom Gewürzmarkt in Rangun wiedergeben.

Wahrsager bieten auf der Straße ihre Dienste an. Ohne ihren Rat trifft kaum ein Burmane eine wichtige Entscheidung.

Schatten gesessen und den ich gar nicht gesehen hatte, schlägt die hell ertönende Klangplatte an, um von meiner Opfertat zu künden.

Die ganze Zeit sind die beiden Jungen mir durch die Pagode gefolgt und als ich wieder gehe, rutschen sie vergnügt an dem Treppengeländer in der Mitte des Aufgangs herunter. Ein wenig noch laufen sie hinter der Kutsche her, die bergauf kaum schneller als ein Fußgänger ist, sie winken, hängen sich dran, als sie die Kutsche einholen können, müssen aber dann doch abspringen, als sie schneller wird. Lange noch schauen sie mir nach.

Jeeps überholen uns, auf ihrem Dach liegen Hühner mit zusammengebundenen Beinen und lassen in der Hitze schon apathisch die Hälse hängen.

Als Stadt habe ich Syriam bisher noch nicht

Die barocken Formen der alten Kirche aus der Zeit der Portugiesen sind noch heute gut zu erkennen.

empfunden, nur ein paar Schornsteine und Werkshallen, die zwischen Hecken und Bäumen versteckt liegen, lassen ahnen, daß man in einer der größten Industriestädte Burmas ist. Auch die Wohnhäuser Syriams liegen hinter Hecken und schattig unter Bäumen.

Der Kutscher hält am Fuße eines Hügels, unterhalb einer roten Backsteinruine, von der aus man weit über den Fluß sehen kann. Es sind die Überreste einer Kirche im portugiesischen Barock. Die Portugiesen hatten 1519 einen Handelsvertrag abgeschlossen und Syriam zu ihrer Niederlassung ausgebaut. Während dieser Zeit erlebte die Stadt den Aufstieg und Fall des Portugiesen Philip de Brito y Nicote. Er war als einfacher Schiffsjunge mit europäischen Seeleuten und Gewürzhändlern nach Osten gefahren und auf irgendeine Weise zu einer Stelle am Hof von König Razagyi gekommen. Als der Herrscher 1599 Pegu eroberte, übertrug er de Brito die Zollverwaltung von Syriam. Doch der Portugiese vertrieb die königlichen Soldaten und stellte die Stadt unter portugiesische Herrschaft. De Brito ließ sich in der portugiesischen Besitzung Goa seinen Herrschaftsanspruch bestätigen und heiratete die Tochter des Vizekönigs. Nach seiner Rückkehr nach Syriam ließ er sich zum König von Niederburma ausrufen.

De Brito ließ buddhistische Reliquien im Lande zerstören und ausrauben. Dafür mußte er büßen, nachdem die Burmanen Syriam zurückerobert hatten. Der Portugiese wurde gepfählt. »Sein Tod dauerte drei Tage lang«, erzählt mein Kutscher ernst, tief überzeugt, daß dies die gerechte Strafe für die Schändung der heiligen Stätten gewesen ist.

Es ist früher Nachmittag, so habe ich noch Zeit, weiter flußabwärts zur Kyauktan-Pagode zu fahren, die mitten im Fluß liegt und deshalb auch schwimmende Pagode genannt wird. Als ich einige Einheimische nach dem Bus in Richtung Kyauktan frage, zeigen sie auf einen alten Willys-Jeep, auf dem schon etliche Leute hocken. Für mich bleibt noch ein Sitzplatz frei, der außen an den Wagen angeschweißt worden ist. Drei Kyat kassiert der Fahrer für die 40 Minuten Fahrt nach Kyauktan. Als der inzwischen nach meinen Vorstellungen volle Wagen sich in Bewegung setzt, springen noch ein paar Leute auf, bis das eigentlich für vier Personen gedachte Fahrzeug zwanzig Menschen transportiert.

Der Fahrtwind bringt in diesem Gedränge erfrischende Kühlung. Trotz der Ruckelei sind einige Burmanen in dem »Bus« inzwischen eingeschlafen, einer neben mir ist in sich zusammengesackt, sein Kopf ruht auf meinem Knie, er atmet tief und ruhig.

Kyauktan ist ein Ort, den selten Europäer besuchen. In den offenen Läden und Werkstätten an der Hauptstraße herrscht rege dörfliche Betriebsamkeit. Kaum jemand spricht englisch, doch ich brauche gar nicht erst zu fragen, wie ich zur schwimmenden Pagode komme. Die Burmanen ahnen auch so, weshalb ich gekommen bin und zeigen mir, wo die Ruderboote zur Pagode ablegen.

Der Stupa der Pagode ist mit Bambusgerüsten und Bastmatten verhüllt, Arbeiter vergolden ihn neu. Für zehn Kyat kaufe ich zwei Blattgoldbriefchen, und die Wächter der Pagode geben mir einen Zettel, auf den ich meinen Namen als Spender schreiben soll: »Damit deine gute Tat für die Ewigkeit bekannt bleibt.« Außerdem zeigen sie mir, wie ich das Gold mit einer Art Schwebebahn zu den Arbeitern am Stupa hochziehen kann. Und sie schlagen eine Glocke an, um von meiner guten Tat zu künden.

Die Pagode gefällt mir als ein ausgesprochen friedlicher Ort. Es sind nur noch das leise Plätschern des Wassers und die gedämpften Stimmen der Pagodenbesucher zu hören. Die Besucher flüstern allerdings nicht aus religiöser Ehrfurcht, sondern weil diese romantische Pagode einer der Lieblingsplätze verliebt turtelnder Paare ist.

Nachdem mich mein Boot wieder zum Festland gebracht hat, setze ich mich noch in ein offenes

Der Markt von Syriam – man hat nicht das Gefühl, in einer Industriestadt zu sein.

Mit der Kutsche als Taxi fahre ich durch die stillen Straßen von Syriam.

Das Taxi nach Kyauktan hat bei der Abfahrt nur noch wenige Plätze frei. Doch auch sie werden im Laufe der Fahrt noch besetzt.

Zur sogenannten schwimmenden Pagode in Kyauktan kann man nur mit einem Boot übersetzen.

In einer Art Schwebebahn ziehe ich für die Renovierung der Pagode gespendete Goldblättchen zum Stupa empor.

Lokal, um etwas zu trinken. Ein englisch sprechender Mann, er stellt sich als Mun Kyu vor, der in Rangun studiert hat, fängt gleich ein Gespräch mit dem seltenen Besucher an. Als ich gehen will, stehen auch alle anderen Rasthausbesucher auf, denen Mun Kyu unsere Unterhaltung übersetzt hat, um mich zum Jeep in Richtung Syriam zu bringen. Ich weiß, wo er abfährt, sage ich, doch sie lassen sich nicht davon abbringen, dem Fremden den richtigen Bus zu zeigen. Und sie plazieren mich auch gleich auf einem Ehrenplatz vorn neben dem Fahrer, dort, wo es nicht so eng ist. Neben mir darf nur noch ein Mönch mit ins Fahrerhaus. Hinten auf dem Auto ist es jetzt genauso voll wie bei der Herfahrt.

Ich erreiche gerade noch die letzte Fähre nach Rangun, von der sich ein nicht enden wollender Strom von Menschen ans Ufer ergießt, einige Eilige klettern sogar über die Reling, um nur schnell genug an Land zu kommen.

Wo ist die Vitalität dieser Stadt geblieben?
Ihr lässiger Reichtum? Ihre Gelehrsamkeit?
Der Mut und die Intelligenz ihrer Einwohner,
als Pegu Mittelpunkt mächtiger Reiche war?

(Tonny Rosiny, Birma - Das Glück des einfachen Lebens)

Pegu – die Insel, die zum Festland wurde

Aus zwei Gründen hat Pegu, eine der ältesten Städte Burmas, meine Neugier geweckt. Der eine ist die Hoffnung, dort noch auf Spuren der Mon zu stoßen, des kulturell so interessanten Volkes, das bis zur Mitte des 18. Jahrhunderts über das ganze Gebiet des heutigen Burma herrschte. Außerdem interessiert mich die riesige, 55 Meter lange Figur des liegenden Buddha, eine der meistverehrten Statuen im Lande.

Für die Tages-Tour nach Pegu habe ich vor dem Strand-Hotel bei einem jungen Burmanen ein Taxi bestellt und den Preis ausgehandelt. George, so hat er sich genannt, damit der Name auch ausländischen Gästen im Gedächtnis bleibt, holt mich wie versprochen morgens am Hotel ab. Doch dann kann er aus irgendeinem Vorwand nicht selber fahren. Er bittet mich einen Moment zu warten und kommt mit einem etwa 50 Jahre alten Burmanen wieder, der die Tour übernehmen würde. Das Prinzip ist mir schnell klar. Da die Taxifahrer oft den ganzen Tag unterwegs sind, können sie sich nicht um neue Kontakte für lange Touren kümmern. Das besorgen die jungen Männer vor dem Strand-Hotel, und erhalten dafür einen Teil des Geldes. Hat der Taxifahrer Glück, dann bleibt der Gast ein paar Tage länger in Rangun, und der Fahrer kann mit ihm die folgenden Termine ausmachen und auch andere Geschäfte abschließen, ohne etwas an die Männer vor dem Hotel abgeben zu müssen.

Das runde, gutmütige Gesicht des Fahrers, der sich als Sein Win vorstellt, gefällt mir sofort. Er ist zunächst überrascht, wieviel ich bereits von seinem Land gesehen habe, freut sich dann aber zusehends, wie sehr ich mich für Burma interessiere und welche große Sympathie ich dem Land entgegenbringe.

Unterwegs wird er nicht müde, meine neugierigen Fragen zu beantworten, etwa, was die Holztürme bedeuten, die in den Dörfern aufgebaut sind, und an denen immer auch ein Stück Eisen wie ein Gong hängt: »Unsere Dörfer mit ihren Holzhäusern sind sehr feuergefährdet. Oft sind schon innerhalb kurzer Zeit ganze Orte niedergebrannt, weil ein Feuer zu spät entdeckt worden ist. Jetzt stehen die Dorfbewohner während der Trockenzeit nachts Wache und schlagen auf diesen Eisenstükken Alarm, wenn sie einen Feuerschein sehen.«

Wir fahren durch eine lehmige Ebene mit endlosen Reisfeldern, die jetzt in der Trockenzeit ausgedörrt sind. Dazwischen liegen jeweils als grüne Inseln die gepflegten, hübschen Dörfer der Reis-

Der liegende Buddha von Pegu ist zwar etwas kleiner, als derjenige in Rangun. Aber er wird von den Gläubigen mehr verehrt.

bauern. All das war vor fünf bis sechs Jahrhunderten noch Meer.

Der Irrawaddi, der sein Deltagebiet immer noch jedes Jahr um 60 Meter weiter ins Meer hinausschiebt, hat dieses Land aufgeschüttet. Pegu, das heute rund 100 Kilometer von der Küste entfernt liegt, war einmal der größte Seehafen Burmas. Im 15. Jahrhundert berichteten Europäer von dem sagenhaften Reichtum der Stadt.

Die Legende erzählt, daß Mon-Brüder, Thamala und Wimala aus Thaton, der damaligen Hauptstadt des Mon-Reichs, Pegu 825 n. Chr. gegründet haben. Andere Quellen legen das Gründungsdatum sogar in das sechste Jahrhundert zurück. Das Volk der Mon kam aus Zentralasien und erreichte auf seinen Wanderungen schon einige Jahrhunderte vor Beginn der christlichen Zeitrechnung das Gebiet des heutigen Burma. Ihre Dörfer bauten die Mon an den Flußmündungen von Salween und Sittang. Von ihrer Hauptstadt Thaton aus hatten sie schon im dritten vorchristlichen Jahrhundert enge Beziehungen zu dem indischen König Ashoka, der sich um die Ausbreitung des Buddhismus verdient gemacht hat. Damit war die Grundlage für den Buddhismus in Burma geschaffen. Im 11. Jahrhundert nahm der burmanische König Anawratha (1044–1077) die Mon-Hauptstadt Thaton ein. Obgleich die Mon militärisch unterlegen waren, setzte sich ihre Kultur bei den siegreichen Burmanen durch. Das wurde besonders von König Kyanzittha (1084–1112) gefördert, der eine Vorliebe für alles hatte, was mit der Mon-Kultur zusammenhing. Dieser Einfluß ist bis heute in Burma zu spüren.

Die Mon versuchten zwar Aufstände gegen die burmanische Herrschaft, die aber niedergeschlagen wurden. Erst nach dem Untergang Pagans, als Burma in kleinere und größere Einzelstaaten aufgeteilt worden war, sagten sich auch die Mon von dem zerfallenden Reich los und gründeten um Pegu ihr eigenes Königreich. In der Folgezeit gab es immer wieder Kämpfe zwischen Mon und Burmanen, die erst endeten, als Alaungpaya, der König des Dritten Burmanischen Reiches, 1757 Pegu dem Erdboden gleichmachte. Viele Mon flohen nach Thailand, wo sie noch heute leben; nur wenige siedeln noch heute in Burma, in verstreuten Siedlungen im Irrawaddi-Delta und als geschlossene Bevölkerungsgruppe im Gebiet des Tenasserim. Als die Union von Burma gegründet wurde, erhielten die Mon im Gegensatz zu anderen Minderheiten im Lande keine Autonomie-Rechte. Ist das eine noch heute vorhandene Furcht vor dem ehemals starken Gegner?

Zur Zeit ihrer Gründung sei die heutige Stadt noch eine Insel vor der Küste gewesen, so klein, daß nur ein winziger Vogel, ein Hamsa, darauf sitzen konnte, berichten die alten Legenden. Für sein Weibchen war schon kein Platz mehr, es mußte auf dem Rücken des Vogels sitzen. »Und so anhänglich sind die Frauen von Pegu heute noch,« scherzt Sein Win, als wir den etwa zehn Minuten langen Fußweg von der goldenen Shwemawdaw-Pagode zu dem Hügel gehen, der angeblich einmal diese Insel gewesen sein soll.

Mir fällt auf, wie oft die Silbe »Shwe« ein Bestandteil burmanischer Pagoden- oder Statuennamen ist. »Shwe heißt Gold,« erläutert Sein Win, »deshalb haben auch Mädchen oft Shwe mit im Namen. Oder man nennt sie Se, das bedeutet Diamant.«

Auf dem Hinthagonehügel (Hintha heißt auf burmanisch der Vogel, den die Mon Hamsa nannten) steht eine Pagode, in deren Glasschrein das goldene Vogelpaar aufeinander hockt und so die Legende der Stadt versinnbildlicht. Sogar Geologen stützen die Legende – nach ihren Untersuchungen soll dieser Hügel wirklich einmal eine Insel im Golf von Martaban gewesen sein.

Ich kann mir bei einem Rundblick vom Hinthagonehügel über die fruchtbare Agrarlandschaft kaum vorstellen, daß nur drei Jahrhunderte ausreichten, um so viel Schlamm abzulagern, daß die einstige Hafenstadt inzwischen rund 100 Kilometer

Mit Fahrradrikschas lassen die Gläubigen sich zur Schwemawdaw-Pagode fahren.

von der Küste entfernt liegt. Heute zieht die einst bedeutende Hafenstadt Besucher wegen des Shwetalyaung-Buddha an, einer liegenden Statue, die den Erleuchteten beim Übergang in das Nirwana zeigt. 55 Meter lang und 16 Meter hoch ist die Statue, die wegen ihrer langen Geschichte zu den verehrtesten im Lande gehört, auch wenn sie etwas kleiner ist als die Figur des großen liegenden Buddha in der Kyauk That Gyi Pagode in Rangun. Aber der künstlerische Ausdruck der Figur von Pegu ist schöner. Milde lächelnd sieht der Buddha über die Gläubigen, die ihn verehren, hinweg in die Ferne.

Der liegende Buddha von Pegu wurde der Überlieferung zufolge 994 vor der Eroberung des Mon-Reiches durch die Burmanen von König Migadippa gebaut. Er geriet in Vergessenheit, wurde wiederentdeckt, renoviert, wieder vergessen und vom Dschungel überwuchert, bis man 1881 Material zum Bau der Eisenbahn Richtung Norden brauchte

Die aufeinander hockenden Vögel berichten von der alten Legende Pegus.

Die Pagode wurde bei einem Erdbeben zerstört. Auf den Trümmern steht jetzt ein neuer, kleiner Stupa.

Der Stupa einer Pagode ist eine Architektur voller Symmetrie und Symbolik.

Die Buddhastatuen der Kaikpun-Pagode schauen in alle vier Himmelsrichtungen.

Ein Fenster in einem Tempel in Pegu.

und bei der Suche nach Steinen im Dschungel die riesige Statue entdeckte. 1906 wurde dann zum Schutz ein Pavillon darübergebaut, der noch immer wie ein Flugzeughangar die Figur schützt.

Bei unseren Rundgängen durch die Pagoden und Tempel fällt mir auf, wie vorsichtig Sein Win mich auf die richtigen Verhaltensweisen in heiligen Stätten aufmerksam macht, wie diskret er mich dazu bringt, seinen Vorschlägen zu folgen. Nie sagt er, jetzt zeige ich dir noch etwas, immer sagt er, hier im Ort gibt es noch eine Sehenswürdigkeit und überläßt dann mir die Entscheidung, ob ich sie sehen will. Fasziniert beobachte ich dieses Verhalten, das sich gar nicht in eine europäische Sprache übersetzen läßt. In Burma sagt man dazu »anadäh«. Es bedeutet, seinen Mitmenschen gegenüber freundlich und verständnisvoll zu sein, in der Erwartung, daß auch das Gegenüber sich so verhalten wird. Dazu gehört eine Art vornehmer Distanz, sich nicht in die Angelegenheiten eines anderen Menschen einzumischen. Deshalb erreicht man als Europäer beim Umgang mit Burmanen wesentlich mehr, wenn man in schwierigen Situationen nicht laut wird (mit einem solchen Menschen zu reden ist für einen Burmanen, um ein Sprichwort des Landes zu zitieren, als würde man Harfe vor einem Wasserbüffel spielen), sondern sein Gegenüber mit einem Lächeln fragt, was man nun tun könne, um die Situation zu retten. Immer wieder wird man erleben, wie sehr jedermann bemüht ist, eine akzeptable Lösung zu finden. Ich finde Sein Wins Umgangsformen jedenfalls sehr angenehm. Und als ich merke, wie vorteilhaft anadäh sich auswirkt, wenn er mit Burmanen verhandelt, überlasse ich ihm immer mehr die Organisation unserer Ausflüge. Er spürt dieses Vertrauen, das ich ihm entgegenbringe und bemüht sich, mir möglichst viel von dem Land zu zeigen. Und mit seinem Einfühlungsvermögen hat er in kurzer Zeit herausgefunden, was mich besonders interessiert.

Als Sein Win am Abend sein Taxi durch den dichten, aber langsam fließenden Verkehr wieder nach Rangun lenkt, merke ich, was für ein Glücksfall es war, diesen Mann getroffen zu haben, der mir so viel von burmanischer Lebensart vermitteln kann.

Komm in unser Dorf,
es ist nicht so weit entfernt,
wenn Du schnell gehst

(U Kyi, Come to our Village, altes burmanisches Gedicht)

Twante – Alltag auf dem Land

»You are fed up now, with Buddhas und Pagodas, I think«, lächelt Sein Win eines Abends, als wir wieder einmal mit seinem Taxi etliche Pagoden und andere Sehenswürdigkeiten in Rangun und Umgebung besichtigt hatten. Und dieses englische »fed up« sagt deutlicher, was ich in diesem Augenblick empfinde, als es auf Deutsch geklungen hätte. Sein Win hatte meine Stimmung genau erkannt. »Twante, drüben im Irrawaddidelta ist eine schöne Stadt,« meint er noch etwas nachdenklich, ohne direkt vorzuschlagen, morgen dorthin zu fahren. »Aber nach Twante zu kommen ist schwierig, selbst für einen Burmanen, habe ich immer wieder gehört«, wende ich ein. Denn dort drüben, auf der anderen Seite des Rangun-Flusses, gibt es angeblich keine regelmäßigen Busverbindungen und kaum Menschen, die englisch sprechen können.

»Halb so schlimm«, winkt Sein Win ab, »wenn Du magst, dann lasse ich morgen mein Taxi stehen, wir nehmen die Fähre über den Fluß und mieten uns dort einen Jeep. Ich als Burmane bekomme bestimmt einen günstigen Preis.« Seine Augen strahlen vor Vorfreude auf einen solchen Ausflug, bei dem er nicht selbst hinter dem Steuer sitzen muß, sondern sich voll um seinen Gast kümmern kann. Denn inzwischen sieht er mich schon nicht mehr als Fahrgast in seinem Taxi an und macht regelmäßig ein verlegenes Gesicht, wenn ich ihm Geld für die Fahrten gebe.

Mich reizt natürlich die Chance, ein weiteres, kaum bekanntes Stück Burma kennenzulernen. So sitzen wir schon früh am nächsten Morgen, bevor es noch richtig heiß wird, nebeneinander auf niedrigen Hockern am Oberdeck der Fähre. Drüben am anderen Ufer bedeutet mir Sein Win mit einem Handzeichen, mich etwas im Hintergrund zu halten, während er mit den Besitzern der Taxis verhandelt. Auch hier sind es wieder alte Willys Jeeps. Freudestrahlend kommt er kurze Zeit später wieder und meint, für 120 Kyat sei der Fahrer nicht nur bereit, uns nach Twante zu bringen, sondern uns unterwegs auch noch einige Sehenswürdigkeiten zu zeigen.

Schmal und holprig ist die Asphaltstraße, auf der wir in Richtung Süden wieder einmal durch endlos sich ausdehnende, abgeerntete Reisfelder fahren. Nur hin und wieder sind in dieser lehmbraunen, ausgedörrten Ebene ein paar Dörfer als grüne Inseln zu erkennen, aus denen die weißen Stupas von Pagoden ragen. Ich kann mir vorstellen, wie diese Felder im Mai und Juni, wenn der Monsunregen das Land überflutet, unter Wasser stehen und

An kambodschanische Pagoden erinnern diese Stupas bei Twante.

Diese kleine Pagode mitten in einem See ist nur über vier Stege zu erreichen.

die Bauern, bis an die Hüften im Matsch stehend, ihre Reisschößlinge setzen.

Wegen dieser Überschwemmungen führt die Straße auf einem Damm entlang. Sie ist so schmal, daß zwei Fahrzeuge nur knapp aneinander vorbeikommen. Dabei müssen sie jeweils mit den rechten Rädern vom Asphalt auf den Sandstreifen. Bei der gemächlichen Fahrweise der Burmanen ist das aber ungefährlicher als solche Touren, die ich auf afrikanischen Straßen erlebt habe. Denn dort machen die Fahrer aus jeder Begegnung eine Mutprobe. Als Feigling gilt, wer zuerst ausweicht. Als Beifahrer hatte ich manchmal unverhohlene Angst ausgestanden, was die Fahrer noch mehr gereizt hatte, zu zeigen, wie mutig sie hinter dem Steuer waren.

Obgleich ich in den letzten Tagen so viele Pagoden gesehen habe, tippe ich den Fahrer doch plötzlich an und bitte ihn, vom Weg abzubiegen. Denn links von der Straße ragen hinter den grünen Bäumen rote Pagodentürme auf, die mich in der für Burma ungewöhnlichen Form ihrer viereckigen Stupas ein wenig an kambodschanische Pagoden erinnern.

Aber noch schöner ist eine Pagode, die unmittelbar daneben in einem See liegt, und nur über vier Stege in den jeweiligen Himmelsrichtungen zu erreichen ist. Sie hatte man von der Straße aus gar nicht sehen können. Weiter südlich werden die Felder immer häufiger von grünen Inseln unterbrochen, und in der Ferne ist auch schon die verwitterte, goldglänzende Schwemandaw Pagode von Twante zu erkennen. Die Ortseinfahrt sieht aus wie meist in Burma: Links und rechts sind offene Läden, Werkstätten, ein paar offene Restaurants, und es herrscht ein reger Verkehr von Trishaws und Autos.

Twante ist die größte Töpferstadt im Süden Burmas. Ihr Material, so übersetzt Sein Win die Erzählung eines Töpfers, holen sie sich einfach aus dem Flußbett, wo es schon gebrauchsfertig von der Natur für sie abgelagert wurde. Während eine Frau die Scheibe dreht, formt der Töpfer aus grauen Lehmwürsten, von der Größe eines Baguettes, mit geschickten Händen einen Wasserkrug.

Er scheint froh zu sein, während dieser so oft wiederholten Handgriffe ein paar Worte mit uns, den neugierigen Fremden wechseln zu können: »25 solcher Töpfe schaffe ich am Tag und für jeden Topf bekomme ich einen Kyat«, erzählt er uns. Ein karger Lohn.

Einmal in der Woche werden die hallenartigen großen Öfen in der Ortsmitte von Twante angeheizt, und alle Töpfer brennen dann ihre Erzeugnisse gemeinsam.

Während wir noch im Hof des Töpfers stehen, ist schon ein scharfes, rhythmisches Klacken vom Nachbargrundstück zu hören, das mich neugierig macht. Eine Frau sitzt an einem Webstuhl und fertigt den Stoff für Longhies, wobei das Webschiffchen mit scharfem Klacken hin und her fährt.

Auch hier übersetzt Sein Win, was die Weberin über ihre Arbeit erzählt: »Wer eine staatliche Lizenz für einen Webstuhl bekommen möchte, muß sich verpflichten, alle Materialien für den Stoff beim Staat zu kaufen. Und wer Material für zehn Longhies kauft, der muß sechs an den Staat abliefern, die übrigen kann er auf eigene Rechnung verkaufen.«

Inzwischen ist die Sonne höher gestiegen, es ist elf Uhr, burmanische Lunchzeit. Sein Win und der Taxifahrer sehen sich nach einer Möglichkeit um, etwas zu essen, und auch ich spüre langsam Hunger. So tauchen wir ein in das Halbdunkel des mit Bastmatten überdachten Marktes und suchen uns ein paar Kokosnüsse, um die erfrischende Milch zu trinken.

In einem der Restaurants an der »Hauptstraße« tischt der Wirt uns eine Anzahl von Schüsseln voller dünn geschnittenem Fleisch, Gemüse und Suppe auf. Jeder von uns langt zu und löffelt direkt aus den Schüsseln.

Durch filigrane Bögen blickt man auf den Stupa der Pagode von Twante. ▸

Mit unserem Jeep-Taxi suchen wir ein Restaurant zum Mittagessen...

...und haben bald darauf eines gefunden.

Auf dem schattigen Markt von Twante prüft Sein Win Kokosnüsse, deren Milch wir trinken wollen.

Twante ist eine der größten Töpferstädte Burmas.

Natürlich gehört die goldene Pagode von Twante zu meinem Nachmittags-Besichtigungsprogramm, doch viel faszinierender finde ich die Jahrmarktsbuden, die wie bei uns zu einer Kirmes rund um die Pagode aufgebaut worden sind. Grellbunte Plakate versprechen den Besuchern, wie auch auf unseren Jahrmärkten, mit deutlichen Bildern Gruseln, Action und Attraktionen.

»Hast Du Lust, Dir einen burmanischen Boxkampf anzusehen?« fragt Sein Win mich. Ohne seine Übersetzung hätte ich, dem Plakat keine Bedeutung beigemessen. Seine Augen zeigen, daß er große Lust hat, und auch der Taxifahrer, mit dem ich mich wegen der Sprachbarriere leider nicht direkt unterhalten kann, sieht mich hoffnungsvoll an. Aber als er meiner Miene entnimmt, daß ich ebenfalls nicht abgeneigt bin, steht er schon in der Schlange an der Kasse und will drei Stehplatzkarten für uns kaufen. Aber Sein Win drängt ihn beiseite und sagt nein, wir nehmen Sitzplätze. Woraufhin ich Mühe habe, die beiden beiseite zu drängen, um die Karten für uns drei zu bezahlen.

Schrill übersteuerte burmanische Musik tönt aus den Lautsprechern in der aus Bastmatten errichteten »Kampfhalle«.

Wer keine drei Kyat für eine Eintrittskarte übrig

Schnell schießt das Webschiffchen zwischen den Fäden hin und her.

Wie Profiboxer schlagen die beiden Frauen beim burmanischen Boxkampf aufeinander ein.

hat, versucht zumindest als Zaungast zwischen den Spalten der Bastmatten etwas vom Geschehen im Boxring zu sehen. Für uns als Sitzplatzgäste stehen dagegen Liegestühle bereit.

Im Halbschatten der Halle herrscht erwartungsvolle Spannung. Die Besucher wirbeln Staub auf, es ist heiß, Trommeln dröhnen und über seinen Lautsprecher schafft es der Ansager nur mit Mühe, den Lärm zu übertönen und die Zuschauer neugierig auf die bevorstehenden Kämpfe zu machen. Doch einstweilen gibt es in der Halle noch eine andere Attraktion. Neugierig sehen die Burmanen immer wieder zu mir als einzigem Europäer herüber. Ausländische Gäste scheinen hier, auf der anderen Seite des Irrawaddi, selten zu sein.

Doch als die ersten beiden Boxer in den Ring klettern, wendet sich das Interesse endlich von mir ab und dem Ring zu. Die Kämpfer lassen ihre Muskeln spielen, schreiten tänzerisch durch den Ring, während der Ansager über Lautsprecher offensichtlich ihre kämpferischen Vorzüge anpreist, um die Spannung der Zuschauer zu steigern.

Beim burmanischen Faustkampf tragen die Boxer keine Handschuhe, nur Bandagen schützen die Hände ein wenig. Und die Schiedsrichter tasten vor dem Kampf die Bandagen ab, um sicher zu sein, daß keine harten Gegenstände mit eingewickelt wurden.

Die beiden Schiedsrichter geben sich nun die

Die Boxer versuchen, sich möglichst schnell zu Fall zu bringen...

...während die Zuschauer die Kämpfe gebannt verfolgen.

Hand und halten ihre Arme so, daß beide Kämpfer voneinander getrennt sind. Plötzlich treten sie einen Schritt zurück, beide Boxer stürzen aufeinander los. Sie springen sich an und versuchen sich gegenseitig zu Fall zu bringen. Beim burmanischen Boxkampf ist alles erlaubt, die Schiedsrichter trennen die beiden Faustkämpfer nur, wenn einer der Boxer schon am Boden liegt und der andere noch immer auf ihn einschlägt.

Verlierer in einem burmanischen Boxkampf ist, wer als erster blutet. Dreimal darf der Boxer sein Blut wegwischen, dann hat er verloren. In ihrem Bestreben, den anderen möglichst schnell zu verletzen, flattern die ersten beiden Kämpfer dieses Nachmittages wie Kampfhähne umeinander herum und schlagen ziellos aufeinander ein.

Wenn die Schiedsrichter die am Boden Liegenden von einander getrennt haben, stehen diese auf, lächeln, nicht verkrampft, um Siegessicherheit zu demonstrieren, sondern so, als habe die wilde Prügelei ihnen viel Spaß gemacht.

Plötzlich fließt But aus der Nase des einen Kämpfers. Der Schiedsrichter drückt ihm den Kopf in den Nacken und preßt seine flache Hand unter die Nase des Mannes, bis der Blutstrom gestillt ist. Nachdem der Boxer ein paar weitere Schläge eingesteckt hat, muß er trotzdem blutend aufgeben.

Sehr viel professioneller als die beiden flatternden Kampfhähne geben sich die beiden Frauen, die nach ihnen in den Ring treten. Sie tragen Handtücher um die Schultern, Betreuerinnen massieren sie, ihre Gesten sind wesentlich kraftprotzender und machohafter als die der Männer.

Die meist männlichen Zuschauer, die schon die Boxer angefeuert hatten, steigern sich beim Kampf der beiden Frauen in einen infernalischen Taumel. Ihre Sympathien sind sehr ungleich verteilt – ganz offensichtlich ist die Kurzhaarige beliebter, die Männer feuern sie mehr an, einige stecken dem Schiedsrichter in einer Kampfpause auch Geld für sie zu. Er nimmt die Scheine, streicht sie der Boxerin über das Haar und steckt sie dann weg. Der erbitterte Kampf der beiden Frauen entbrennt erneut.

Die von der Zuschauergunst Benachteiligte wird immer aggressiver, da setzt auch jemand Geld auf sie. Doch ein Schlag auf die Augenbraue läßt Blut fließen und entscheidet damit den Kampf. Die Siegerin steckt die Gesamtsumme ein. Der Schiedsrichter steckt sie ihr quer in den Mund, und mit den abgegriffenen Scheinen zwischen den Zähnen tanzt sie im Ring einen Freudentanz.

Besonders brutal erscheint mir diese Art des burmanischen Boxens bei dem Schlußkampf von zwei Männern. Hart schlagen sie sich die Fäuste ins Gesicht, trickreich versuchen sie, den Gegner aufs Kreuz zu legen. Es dauert mehrere Runden lang, bis einer der beiden blutüberströmt aufgibt. Gemeinsam mit den anderen Zuschauern verlassen wir gleich nach dieser Entscheidung die Bambushalle.

Während wir mit dem Jeep zurückfahren, ist schon von Weitem der unglaublich golden glänzende Stupa der Schwedagon-Pagode von Rangun im Licht der tief stehenden Sonne über den leeren, staubigen Feldern zu erkennen.

Die Straßen von Mandalay, staubig, überlaufen und von greller Sonne überflutet, sind breit und gerade.

(W. Somerset Maugham, The Gentleman in the Parlour)

Mandalay – die alte Königsstadt

»You want a taxi, Sir?« Der junge Burmane zupft an meinem Ärmel und zeigt auf sein Taxi – einen Willys Jeep, der sicherlich noch den 2. Weltkrieg miterlebt hat. Ich nicke, werfe mein Gepäck hinter den Sitz und klettere grinsend neben den Fahrer. »Der Krieg ist der Vater aller Dinge«, hat der griechische Philosoph Heraklit schon im Altertum erkannt. Und der Krieg scheint sogar der Vater des burmanischen Verkehrssystems zu sein.

Etwas müde dreht die Batterie den Anlasser durch, doch dann springt der Motor mit seinem vertrauten Brummen an. Der Fahrer legt den Gang ein, gibt Vollgas, tritt das Gaspedal bis auf den Boden durch, und der alte Willys tuckert mit seiner Höchstgeschwindigkeit von wohlmeinend geschätzten 40 Stundenkilometern durch die Stadt. Aber dabei überholt er noch die meisten anderen Taxen. Denn bei denen handelt es sich um Kutschen, die nur von einem Pferd gezogen werden.

Mandalay ist mit 533000 Einwohnern zwar die zweitgrößte Stadt des Landes, wirkt aber ausgesprochen ländlich. Die Häuser außerhalb des Stadtzentrums sind überwiegend aus Naturmaterial gebaut. Diese dunkelbraunen Häuser haben hin und wieder schön geschnitzte Balkongitter.

Für diese dünnen Hauswände werden aus Bambus geschnittene Streifen verflochten und man setzt ein Wellblechdach darauf. Obendrauf kommt eine Abdeckung aus Schindeln oder Gräsern, um das Geräusch fallender Regentropfen zu dämpfen. Denn unter einem Wellblechdach ist sonst bei heftigen Monsunregen kein Wort zu verstehen.

Das Rad der Zeit ist in Mandalay noch ein Stück langsamer gelaufen als in Rangun. Während sich in der Hauptstadt auf dem Markt die Metalltöpfe stapeln, liegen vor einem Geschäft in Mandalay noch schöne runde Tonkrüge. Während in Rangun viele Autos fahren, überwiegen in Mandalay die Kutschen.

Aber die Moderne hat auch in Mandalay Einzug gehalten. Wir kommen mit dem Taxi an einer Eisbude vorbei. die nicht größer ist als die danebenliegende Garage. Der Besitzer hat ganz stolz über die Eingangstür, unter der burmanischen Kringelschrift in lateinischen Buchstaben geschrieben »Nylon-Ice-Cream«. Der Name dieser Kunstfaser ist sicherlich das Modernste, was er sich vorstellen kann. Vor einem zweistöckigen Haus mit einer blauen Veranda steht ein Dutzend kleiner Pferdekutschen: der zentrale Taxenstand von Mandalay. Mit einer solchen Taxe bin ich zu einer ersten Sight-Seeing-Tour durch die Stadt gefahren. Neben mir sitzen noch zwei Deutsche, die ich im Hotel getroffen hatte. Der Kutscher gibt seinem Pferd die Zügel und hetzt mit uns durch die Straßen. »Der glaubt wohl, er fährt hier mit uns das Mandalay-Derby«, meine ich zu meinen beiden Landsleuten. Der Kutscher versteht nur das Wort

»Mandalay-Derby«, freut sich riesig darüber und treibt sein armes, ohnehin schon schweißglänzendes Pferd so an, als gelte es nun wirklich einen Pokal zu gewinnen.

Am alten Königspalast trennen sich unsere Wege. Von diesem Palast sind nur die jeweils einen Kilometer langen Außenmauern übriggeblieben. Er war nach buddhistischer Tradition völlig aus Holz gebaut, um die Vergänglichkeit alles Weltlichen zu zeigen und muß einmal mit sehr schönen vergoldeten Schnitzereien verziert gewesen sein. Dieser 1859 fertiggestellte Palast, der das Zentrum der Welt repräsentieren sollte, wurde auch die »Goldene Stadt« genannt. Genau in der Mitte hatte der Thronsaal, auch Löwensaal genannt, gestanden. 1885, nach dem dritten britisch-burmanischen

Im Stadtbild von Mandalay dominieren die Pferdekutschen als Taxis.

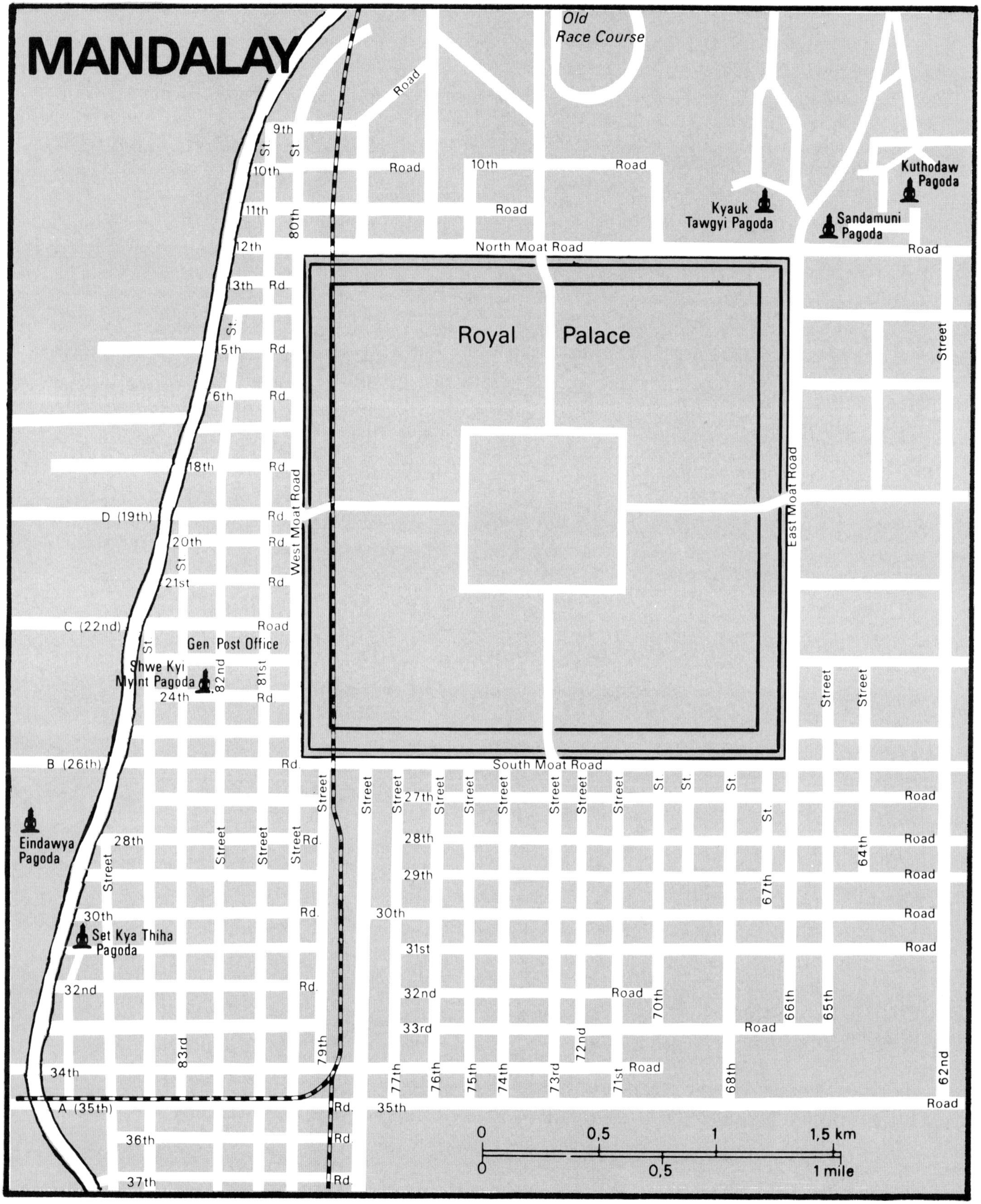
MANDALAY
Old Race Course
Road
9th St
10th Road
11th
12th
80th St
North Moat Road
13th Rd.
Royal Palace
15th Rd.
16th Rd.
18th Rd.
D (19th) Rd.
20th Rd.
21st Rd.
West Moat Road
East Moat Road
C (22nd) Road
Gen Post Office
Shwe Kyi Myint Pagoda
82nd
81st
24th Rd.
B (26th) Rd.
South Moat Road
Kyauk Tawgyi Pagoda
Kuthodaw Pagoda
Sandamuni Pagoda
Eindawya Pagoda
Set Kya Thiha Pagoda
27th
28th Rd.
29th Road
30th Rd.
31st Road
32nd Road
33rd Road
34th Road
A (35th) Rd.
35th Road
36th Rd.
37th Rd.
83rd
79th
77th
76th
75th
74th
73rd
72nd
71st
70th
68th
67th
66th
65th
64th
62nd
Street
0 0,5 1 1,5 km
0 0,5 1 mile

Ein Laden mit traditionellen Tontöpfen.

Nylon Ice Cream steht auf dem Schild des Eisladens. Für den Besitzer sicherlich der Inbegriff alles Modernen.

Vom Königspalast ist nur noch die Umfassungsmauer übriggeblieben.

Krieg, zwangen die Engländer den bei seinem Volk beliebten König Thibaw zur Abdankung. Er mußte nach Indien ins Exil.

Die »Goldene Stadt« wurde nach dem Vizekönig von Indien, der Mandalay ein Jahr später besucht hatte, in Fort Dufferin umbenannt. 1942 fiel sie den Japanern in die Hände. Als am 20. März 1945 in Mandalay die entscheidende Schlacht zwischen Engländern und Japanern ausgetragen wurde, kam die »Goldene Stadt« unter den Beschuß britischer Artillerie, obgleich nur wenige Burmanen und Japaner darin waren. Sie ging in Flammen auf. Heute ist nur noch die Umfassungsmauer mit ihren Zinnen und Türmchen zu sehen. Man kann zwar in den Innenhof gehen, der heute ein Stabsquartier der burmanischen Armee beherbergt, und das Modell ansehen, das Archäologen von der ehemaligen »Goldenen Stadt« aufgebaut haben. Aber ich verzichte auf den Besuch der Ruinen und den Eindruck einer sinnlosen Zerstörung.

Lieber wende ich mich von den Mauern ab und gehe in die nahegelegene Kutodaw-Pagode. An einem ruhigen Platz ziehe ich meine Taschenbuch-Ausgabe von W. Somerset Maugham aus der Tasche und lese noch einmal nach, wie der englische Schriftsteller in den zwanziger Jahren die königliche Residenz erlebt hat: »Der Palast von Mandalay steht inmitten eines großen quadratischen Platzes, umgeben von einer niedrigen geweißten Mauer. Hinauf zur Terrasse gelangt man über eine nicht sonderlich erwähnenswerte Treppe. In früheren Zeiten war die gesamte Fläche dicht bebaut, aber jetzt sind viele der Wohnungen von einstigen Königinnen und Hofdamen abgerissen worden und wo sie gestanden hatten, sprießt helles Grün.

Zuerst stößt man auf ein langgestrecktes Audienzzimmer, danach auf ein Thron-Zimmer, Ankleideräume, weitere Thron-Zimmer und private Gemächer. Zu jeder Seite dieser Räume liegen die Wohnungen des Königs, der Königinnen und der Prinzessinnen.

Das Thronzimmer hat nichts Prächtiges, sein Dach wird zwar von hohen Pfosten getragen, aber diese Pfosten sind große Teakbäume, auf denen man immer noch die Zeichen der Werkzeuge sehen kann, mit denen sie grob geformt wurden. Sie sind gelackt und vergoldet, die Wände sind bloße, grob abgehobelte Bretter, und sie sind ebenfalls gelackt und vergoldet. Das Gold ist abgenutzt und verfärbt. Der Kontrast zwischen dieser groben Kunstfertigkeit und all dem Gold und Lack gibt, ich weiß nicht wie, einen Eindruck von eigentümlicher Pracht. Alle Gebäude, zu sehr Schweizer Chalets ähnelnd, sind für sich unbeeindruckend, aber in der Masse haben sie eine düstere Pracht, an der man Gefallen findet.

Die Schnitzereien, die die Dächer zieren, die Balustraden und Zwischenwände, Zimmer für Zimmer, sind grob, aber die Muster haben oft Anmut und eine verschwenderische Eleganz. Die Erbauer des Palastes haben auf ganz unerwartete Weise durch den Gebrauch von unpassendsten Bestandteilen einen palastartigen Effekt erzielt, so daß man fühlt, daß hier orientalische Monarchen angemessen gewohnt haben. Viel der dekorativen Wirkung wurde durch den Gebrauch verschiedener Muster, Mosaiken oder unzähliger kleiner Stücke von Spiegeln und weißem und leuchtend buntem Glas erreicht: Man würde meinen, daß nichts häßlicher sein könnte (es erinnert einen an die Art von Dingen, die man in der Kindheit am Margate Pier gesehen hat und mit Stolz nach einem Tagesausflug als Geschenk für einen erschrockenen Verwandten mitbrachte), seltsamerweise aber ist der Eindruck nicht nur prächtig, sondern sogar gefällig.

So grob geschnitzt sind die Wandschirme und Zwischenwände, in die diese kunstvollen Glasfragmente so eingelegt wurden, daß sie keinen Anschein von Flitterwerk geben, aber auf ihrem derben Grund glitzern sie dunkel mit einem geheimen Strahlen von matten Edelsteinen. Dies ist keine barbarische Kunst von großer Kraft und Lebendigkeit, keine rohe Kraft, sondern eine wilde oder wenn man mag, kindliche Kunst; sie ist in einer Weise oberflächlich und weich, und ihre Rohheit hinterläßt den Eindruck, als ob die Künstler jedes vertraute Muster neu aus dem Kopf geschaffen hätten. Aber das gibt dem Ganzen seinen Charakter. Man hat eine Vorstellung von Leuten, die verwirrt herumfummeln mit dem allerersten Anfang von Schönheit und die entzückt von den glänzenden Gegenständen sind, wie ein Buschmann oder ein Kind es sein könnte.

Der Palast ist jetzt seiner üppigen, kostbaren, prächtigen Behänge und des vergoldeten Mobiliars beraubt, mit dem er geschmückt war. Man durchschreitet Zimmer um Zimmer, und es ist wie in einem Haus, das lange nicht vermietet war. Niemand scheint es zu besuchen. Gegen Abend muten diese vergoldeten, mit Juwelen geschmückten, verlassenen Zimmer düster und geisterhaft an. Man geht leise umher, um die schwach duftende Stille nicht zu stören. Man steht und blickt erstaunt auf

So wie die Wände dieses Klosters waren auch einmal die Gebäude des königlichen Palastes über und über mit Schnitzereien bedeckt, die zudem vergoldet waren.

all die Leere, und es ist unglaublich, daß vor einer so kurzen Weile dies der Schauplatz von unvorstellbaren Intrigen und stürmischer Leidenschaft gewesen ist. Denn hier ist Romantik seit Menschengedenken lebendig. Es ist noch keine 50 Jahre her, daß der Palast Zeuge von Ereignissen war, so dramatisch und für uns so entfernt, wie die Zeiten der Renaissance in Italien oder von Byzanz.«

Die Kutodaw-Pagode, in die ich mich zurückgezogen habe, ist ebenfalls ein romantischer Ort. Von meinem Sitzplatz aus kann ich ganze Reihen kleiner Stupas überblicken. In ihnen steht jeweils eine in Pali-Schrift beschriebene dünne Steintafel. Diese 729 Tafeln wurden nach der fünften Buddhistischen Synode 1872 errichtet und enthalten den gesamten Tripitaka-Kanon, also alle Reden Buddhas, die in diesen Schriften zusammengefaßt und interpretiert worden sind. 2400 Mönche haben diese Steintafeln beschrieben und allein sechs Monate lang gebraucht, um den Text zu rezitieren. Ich sitze also im größten Buch der Welt.

Außer einigen Vogelstimmen ist kaum ein Geräusch zu hören, während ich durch die Reihen der kleinen Tempel gehe. Hin und wieder huscht eine Eidechse fort. Außer mir ist kein Mensch in der Pagode.

Mir gefallen die durchbrochenen Strukturen in der Architektur des Zugangs zum zentralen Stupa, aber ohne Menschen, die durch den Gang gehen, wirkt es mir als Foto zu leblos. Lange sitze ich dort und warte, bis endlich eine burmanische Familie auftaucht. Erschrocken sieht sie zu mir herüber, als

Die Holzfiguren sind fein geschnitzt.

Vom Mandalay-Hill herunter hat man einen guten Überblick auf die vielen kleinen Stupas der Kuthodaw-Pagode.

der Motor meiner Kamera in dieser friedlichen Stille ungewohnt laut surrt.

Auf der Mauer neben dem Nordausgang der Pagode hocken drei junge Männer. »Hallo«, grüßen sie herüber und auch sie wollen wissen, woher ich, der zu dieser Zeit einzige Besucher der Pagode, komme. Ob ich einen grünen Tee möchte? Und schon hat einer von ihnen eine etwas schmuddelig wirkende Tasse herbeigezaubert und schenkt ein. Die drei sind Studenten. Wir sprechen über meine Reisen in Burma. Meine Reisemöglichkeiten betrüben sie: »Wir kommen hier nicht raus. Nur wenn man im Ausland studieren will oder wenn man Seemann ist...« meint einer traurig. Als sie mein Buch von Maugham entdecken, das ein wenig aus der Jackentasche herausschaut und das ihnen gut bekannt ist, sprechen wir über den alten Königspalast. Ich bedaure, daß davon so wenig übriggeblieben ist. »Aber einen kleinen Teil des ursprünglichen Palastes kannst Du noch sehen, das ist das Shwe Nandaw Kyaung Kloster, nicht weit von hier. Es ist noch zu Lebzeiten von König Mindon aus dem Palast heraus verlegt worden. Und deshalb hat dieses Gebäude als einziges den großen Brand überstanden.«

Sie erklären mir zwar den Weg, doch trotzdem finde ich das Kloster nicht, sondern nur einige ausgebrannte Ruinen. Etwas ratlos kehre ich zurück, und so kommen alle drei mit, um mir das Kloster zu zeigen. Sie treiben auch ein paar Mönche auf, erklären ihnen, daß sie mir das Kloster zeigen wollen. Daraufhin schalten die Mönche in den Innenräumen extra das Licht ein, damit ich die Schnitzereien bewundern kann.

Das Kloster vermittelt wirklich einen sehr schönen Eindruck davon, wie der Palast einmal ausgesehen haben muß. Die Worte Somerset Maughams finde ich bestätigt. Jede kleine Tür, jedes Fenster dieses ganz aus Holz gebauten Klosters ist mit reichem Schnitzwerk umgeben. Auch die Dachsimse tragen reichhaltiges Schnitzwerk. Schnitzereien zeigen die lebensbejahenden Figuren des Buddhismus. Früher war auch das alles einmal mit Gold überdeckt. Davon ist nur noch das Shwe im Namen übriggeblieben. Aber nicht nur das Gold ist abgewaschen, die hölzernen Figuren sind an der Wetterseite schon ganz erheblich verwittert, ganz im Sinne buddhistischer Vergänglichkeit.

Die Sonne senkt sich, es wird Zeit, auf den Mandalay-Hill zu steigen. Denn von dort die Sonne untergehen zu sehen, ist ein einmaliges Erlebnis. »Oh, du willst auf den Hill. Bei uns glaubt man, daß jemand ein langes Leben haben wird, wenn er auf dem Mandalay-Hill gewesen ist«, verabschieden mich meine Gesprächspartner.

Dieser Glaube scheint eine realistische Grundlage zu haben. Denn zum Gipfel des Hügels führen 1729 Treppenstufen, und wer die schafft, hat eine so gesunde Konstitution, daß er schon rein statistisch eine hohe Lebenserwartung haben muß.

Die Treppenstufen führen durch kleine Tempelanlagen nach oben, ich scheine der einzige ausländische Besucher zu sein. Nur hin und wieder grüßt ein rotgekleideter Mönch aus einem der kleinen Tempel herüber. Während des Aufstiegs wird die Stimmung immer stiller, immer feierlicher, und auf dem Gipfel ist es geradezu überwältigend: Der Blick schweift über die Halbmillionenstadt ganz in der Nähe, und trotzdem hört man keinen Motorenlärm, kein lautes Getriebe. Friedliches Burma. In der Ferne ist das von der tiefstehenden Sonne schon golden gefärbte, glitzernde Band des Irrawaddi zu sehen, und zwischen den überfluteten Reisfeldern, aus denen der Dunst des Tages steigt, kann ich Dutzende von kleinen weißen Pagoden erkennen. Wieder einmal erscheint mir in dieser Stille das Klicken meiner Kameraverschlüsse unnatürlich laut, obgleich ich schon die Motoren abgeschaltet habe, um das deplaziert wirkende technische Geräusch ein wenig zu dämpfen.

Mir fällt Gemurmel auf, das irgendwo aus dem Verborgenen kommt. Nach einiger Suche entdecke ich hinter einer Mauerecke einen Wahrsager, der einer Frau laut aus ihren Handlinien liest. Doch

Zur Spitze des Mandalay-Hills im Hintergrund führen 1729 Treppenstufen.

bald verstummt auch dessen Stimme, die Schritte dieser beiden Menschen entfernen sich. Ich bleibe allein dort oben sitzen, bis nur noch ein rötlicher Streifen am Horizont zeigt, wo die Sonne untergegangen ist.

Völlige Dunkelheit umgibt mich, als ich die Treppen wieder hinuntersteige. Im Licht meiner kleinen Taschenlampe tauchen unvermittelt einige metallen glänzende, lächelnde Gesichter von Buddhafiguren auf.

Am Fuße des Berges überrascht mich eine Stimme aus dem Dunkel: »Taxi?« Der Kutscher hatte den Schein meiner Taschenlampe auf den Treppen herumgeistern sehen und sich noch einen letzten Fahrgast erhofft. Ich bin froh, und wenig später bringt mich lebhaftes Hufgeklappere zu meinem Hotel zurück.

Am nächsten Morgen bekomme ich die chronische Zimmerknappheit von Mandalay zu spüren. Schon bei meinem Einzug sagte der Mann an der Rezeption, es sei nur ein Zimmer für eine Nacht frei – aber vielleicht, dabei hob er die Schultern – manchmal gibt es ja noch eine Chance. Doch als ich nach dem Frühstück bei ihm vorbeikomme, macht er ein trauriges Gesicht. »Leider nichts mehr frei...« Auch im benachbarten Hotel ist nichts mehr zu bekommen. So schultere ich mein Gepäck und gehe zu den Trishaws, die vor dem Hotel stehen.

Ob nicht einer von ihnen ein Guesthouse wüßte? Leg dein Gepäck drauf, zeigt mir einer der Fahrer. Schwitzend radelt er mich zu einem Guesthouse in der Nähe des Bahnhofes. In der vielleicht zehn Quadratmeter großen Empfangshalle sitzt eine burmanische Matrone. Ja, meint sie, schlafen könnte ich hier. »Schlafsaal oder Einzelzimmer?« Ich entscheide mich für das Einzelzimmer, bekomme ein Vorhängeschloß, und die Alte zeigt auf einen kleinen Verschlag direkt neben der Eingangstür. Mein Einzelzimmer ist so groß, daß gerade ein Bett hineinpaßt und man knapp daneben stehen kann. Tisch, Stuhl oder gar einen Schrank gibt es überhaupt nicht. Bettzeug auch nicht. Auf der harten Unterlage liegt nur eine Wolldecke.

Bei einem kleinen Rundgang, wie ich ihn gern unternehme, wenn ich in ein neues Hotel eingezogen bin und meine Umgebung noch nicht genau kenne, steht plötzlich strahlend ein Burmane vor mir. Ich hatte ihn einige Tage zuvor am Flughafen kennengelernt, wo er als Fahrer auf seinem Chef wartete, einen deutschen Ingenieur, der an der Verbesserung des Eisenbahnsystems mitarbeitete. Seither scheint er eine Vorliebe für Deutsche zu haben, denn er bietet mir gleich an, mir die Arakan oder auch Maha-Muni genannte Pagode zu zeigen. Er bugsiert mich in eine Kutsche, und so rollen wir durch die belebten Straßen von Mandalay.

In der Pagode fällt mir sofort die rund vier Meter hohe, bronzene Buddhastatue auf, die angeblich noch zu Lebzeiten des großen Lehrers in Akyab in Arakan gegossen wurde und deshalb besonders verehrt wird. Buddha selbst soll gesagt haben, als er das fertige Standbild sah: »Ich werde in meinem 80. Lebensjahr sterben; du Figur aber wirst von meinem Wesen noch 5000 Jahre beseelt sein, denn so lange wird die buddhistische Religion bestehen.«

Nach Eroberung des im Westen gelegenen Arakans brachten die Sieger die Statue in die damalige Hauptstadt Amarapura. Mit dem Abtransport der verehrten Figur solllte der unterlegene Gegner moralisch geschwächt werden. Angeblich ist die Statue beim Abtransport in drei Stücke geschnitten worden. Nach dem Zusammensetzen habe man aber nicht mehr die Spur einer Schweißnaht gesehen. Heute ist diese Behauptung schwer nachzuprüfen, denn die Figur ist mit einer zentimeterdicken Blattgoldschicht bedeckt, nur ihr Gesicht ist freigeblieben und lächelt glatt und milde golden.

Vor der Figur hockt eine große Anzahl von Gläubigen, ich halte mich im Hintergrund, um ihre Andacht nicht zu stören. Doch als Ausländer errege ich hier Aufsehen. Einige Burmanen bedeu-

Der Maha Muni Buddha von Mandalay zählt zu den am meisten verehrten Statuen im Lande.

Die Gongplatte in der Arakan-Pagode wird von zwei gußeisernen Figuren getragen.

ten mir, ich solle unmittelbar an die Figur herantreten, doch das hätte bedeutet, mich dicht vor den dort knienden Gläubigen vorbeizuschieben. Diese Störung möchte ich vermeiden und winke deshalb ab. Ein etwa 40 Jahre alter Burmane nimmt mich dennoch bei der Hand und zieht mich in den Raum vor der Figur, damit ich dort Fotos machen kann, so stolz ist er auf die Statue. Heute ist das Fotografieren dort verboten.

Das scharfe Klicken, das ich am Abend auf dem Weg zu einem Restaurant in der Nähe höre, kommt mir bekannt vor. Und richtig – unter einer Gaslaterne sitzen mehrere junge Burmanen um ein Carrombrett. Carrom, wie es in Indien heißt, wo wahrscheinlich auch die Ursprünge dieses Spieles liegen, ist dem Billard ähnlich. Allerdings werden auf dem quadratischen Spielfeld keine Kugeln mit einer Queue gestoßen, sondern Holzscheiben mit den Fingern geschnippt. Aber sonst sind die Regeln und ist auch die Spielweise sehr ähnlich wie beim Pool-Billard. Da ich selbst ein solches Brett besitze und für deutsche Verhältnisse sicher ein geübter Spieler bin, bleibe ich stehen, um den Spielern ein wenig über die Schulter zu schauen. Sie spielen so geschickt, daß ich Spaß daran habe, ihnen zuzusehen – mein Abendessen kann erst einmal warten. Die jungen Männer selbst sind so vertieft in das Schnippen der Steine, daß sie mich überhaupt nicht bemerken. Erst als einem ein Schuß besonders gut gelungen ist, da er gleich drei Steine auf einmal eingelocht hat, kann ich einen bewundernden Ausruf nicht mehr zurückhalten. Sie schnellen alle herum, machen meinen Ausruf nach, lachen und winken mir zu, doch näher heranzutreten. Als ihre Partie kurze Zeit später beendet ist, laden sie mich ein mitzumachen. Da kann ich nicht wiederstehen,

Carrom ist ein in Burma beliebtes Brettspiel.

auch wenn mir klar ist, daß ich gegen diese Experten keine Chance habe. Und so ist es denn auch. Mein Gegner hat alle meine Steine mit einer Geschwindigkeit vom Brett gefegt, bevor ich seinen Bestand überhaupt um ein Viertel dezimieren kann. Aber Spaß hat es gemacht, gegen diesen Könner anzutreten.

Ich sehe ihn übrigens noch am selben Abend wieder: Als ich im Vorraum des Guesthouses sitze und mein Tagebuch führe, kommt er herein. »Hallo, Partner,« winkt er mir zu. Dann setzt er sich zu mir, will uns beiden aus der Kanne mit dem grünen Tee eingießen, der immer heiß auf dem Tisch steht. Doch meine Einladung zu einem Bier mag er nicht ablehnen und schafft es auch, trotz der späten Stunde noch irgendwoher zwei Flaschen Mandalay-Bier aufzutreiben.

Die Nacht in meinem Hühnerstall ähnlichen Verschlag ist fürchterlich: Es ist zu warm zum Schlafen, die Unterlage ist so hart, daß mir noch am nächsten Tag alle Hüftknochen wehtun, und weil kein Bettzeug vorhanden ist, schlafe ich in meinen Klamotten. Viel zu früh am Morgen krähen sämtliche Hähne von Mandalay mich wach.

Findet der Mensch auf der großen Reise des Lebens keinen Begleiter, so mag er freudig seinen Weg allein beschreiten.

(Dhammapada – Sammlung der Weisheiten Buddhas)

Mingun – der Größenwahn eines Königs

Oben auf dem Boot steht ein schwarzes Schild mit weißen Schriftkringeln, ich kann sie nicht entziffern, um zu wissen, ob es Fähre heißt oder die Ortsangabe Mingun draufsteht. Deshalb frage ich einen der umstehenden Burmanen. Doch er versteht kein Englisch, aber meinen fragenden Gesichtsausdruck und das Wort Mingun versteht er und nickt, ja, das ist das richtige Boot.

Die Decksaufbauten des kleinen, etwa acht Meter langen Bootes sind von einem verwitterten und verwaschenen Blau. davor drängen sich Mönche in ihren roten Roben, zwei Frauen in leuchtend-violetten Kleidern, Männer und Frauen in Longhies. Sie alle haben etliche Gepäckstücke in der Hand. Unschlüssig bleibe ich stehen und blicke vom hohen Ufer herunter. Wenn die alle noch mitwollen, dann wird für mich wohl kaum noch ein Platz bleiben, denke ich. Aber da habe ich wieder einmal die Kapazität burmanischer Transportmittel unterschätzt.

In diesem Augenblick winkt der Fährmann, dem mein Zögern aufgefallen ist, ich solle auch noch an Bord kommen. Auf dem Deck sitzen die Leute schon dicht gedrängt zwischen Körben mit Waren. Zum Teil ist der Inhalt mit großen Bananenblättern abgedeckt und damit gegen die Sonne geschützt.

Bänke gibt es auf diesen Fährbooten nicht. Auf dem Deck liegen Schilfmatten. Ich zwänge mich noch zwischen einige Burmanen auf dem Vordeck. Das hat zwar den Nachteil, daß ich einerseits in der Sonne sitze, während man unter dem flachen Dach des Aufbaues etwas Schatten hätte. Andererseits kühlt hier der Fahrtwind.

Der Fährmann versteht kein Englisch, und ich weiß nicht, wieviel Geld er für die Fahrt haben will. Deshalb halte ich ihm das offene Münzfach meiner Geldbörse hin. Er nimmt sich drei Kyat, hält sie mir noch einmal vor die Augen und verschwindet hinter dem Motorkasten. Der Motor tuckert schneller, das Deck vibriert unter meiner Sitzfläche, das Boot legt ab.

Zunächst nimmt mich noch die Szenerie am Flußufer gefangen. Das Boot fährt an den Außenbezirken von Mandalay vorbei, an Häusern, die auf Pfählen an das steil abfallende Ufer gebaut sind. Davor liegen Bambusflöße, auf denen sich das tägliche Leben abspielt. Ein Mann hat seinen Büffel ins Wasser getrieben und spritzt ihn ab, andere waschen in den lehmgelben Fluten ihre Wäsche. Ich frage mich bei diesem Wasser, wie die Wäsche überhaupt sauber werden soll. Aber das blütenweiße Oberhemd eines Burmanen neben mir

Eine dichte Traube von Menschen umringt das kleine Fährboot nach Mingun. Aber alle finden noch Platz.

Ein Burmane neben mir im Boot.

Neben der Fähre wäscht ein Bauer seinen Büffel.

macht geradezu Werbung für diese Art des Waschens. Auch die Wäsche, die die Männer, nachdem sie sie ausgewrungen haben, anschließend aufhängen, wirkt nicht gerade schmutzig.

Dann wird das Leben am Ufer ruhiger, es stehen dort weniger Häuser, das Boot schiebt sich immer weiter mühsam gegen den starken Strom flußaufwärts. Es ist nur noch ein helles, gleißendes Gelb zu erkennen. Der Fluß lehmiggelb, das Land neben dem Fluß ist lehmiggelb und selbst der Himmel ist vor lauter Staub in der Luft nur noch lehmiggelb. Wir fahren in ein gleißend-lehmiggelbes Licht hinein.

Jetzt, nachdem die interessante Szenerie am Ufer nicht mehr ablenkt, spüre ich meine Gelenke und meine Sitzfläche immer stärker. Das Vibrieren

Am Ufer des Irrawaddi herrscht ein reges Leben, das sich von der Fähre aus gut beobachten läßt.

Frisch gewaschene Longhies werden ausgewrungen.

des Decks trägt noch seinen Teil zu den Schmerzen bei. Unruhig fange ich an, hin und her zu rücken, und erhoffe durch Veränderung meiner Sitzposition ein wenig Erleichterung. Die Burmanen neben mir bemerken meine Qual, sie rücken ein wenig zur Seite, damit ich meine Beine ausstrecken kann. Dankbar lächelnd nehme ich dieses freundliche Angebot an. Auch das ist »anadäh«, die Freundlichkeit gegenüber dem Mitmenschen. Eine Unterhaltung mit meinen freundlichen Mitreisenden kommt leider trotzdem nicht zustande, auch wenn es beide Seiten versuchen. Wir scheitern an der Sprachbarriere.

Unser Motorboot überholt ein paar Segelboote, die bei dem schwachen Wind Mühe haben, gegen den Fluß überhaupt noch Fahrt zu machen. Nach knapp einer Stunde scheinen meine Sitzqualen ein Ende zu finden. Am Ufer zeichnen sich zwischen dem gelben Staub immer deutlicher die Umrisse mehrer großer, weißer Pagoden ab. Als das Boot anlegt, will ich aufstehen, froh, die Fahrt hinter mir zu haben. Aber bevor ich mich erheben kann, packen rings um mich herum ein paar kräftige Hände zu und halten mich am Gürtel fest. Dann geben die in der Nähe Sitzenden mir mit Handzeichen zu verstehen, ich solle sitzenbleiben. Trotz der Sprachschwierigkeiten war den Leuten klar – wenn ein Europäer hier flußaufwärts fährt, dann will er nach Mingun. Das hier aber war noch nicht Mingun, also hielten sie mich wegen fehlender anderer

In diesem unscheinbaren Bau verbirgt sich eine Weltattraktion...

Verständigungsmöglichkeiten einfach fest. Es klärt sich auf, als ich weiter flußaufwärts zeige und frage »Mingun«? Sie nicken.

Eine halbe Stunde später stelle ich selber fest, nun am richtigen Ort zu sein. Denn schon vom Ufer aus ist der riesige Sockel der Pagode zu sehen, die hier einmal entstehen sollte.

Am Anleger von Mingun leert sich die Fähre. Alle Mönche verlassen das Boot, und auch die anderen Passagiere steigen bis auf einige Ausnahmen aus. Ich bin der einzige Europäer unter ihnen. Als ich noch etwas unschlüssig zwischen den Gebäuden des Klosters am Ufer nach dem Durchgang zur Pagodenruine suche, gibt es wieder einmal keine Sprachprobleme. Einige Mönche haben meinen suchenden Blick gesehen und zeigen mir den Weg durch die Klosteranlage zur großen Glocke.

Das unscheinbare Wellblechdach, dessen Kanten allerdings mit filigraner burmanischer Schnitzerei verziert sind, schützt in dieser abgelegenen Gegend eine Attraktion: Die größte hängende Glocke der Welt. Sie ist 3,70 Meter hoch, hat an der Öffnung

...die größte hängende Glocke der Welt.

einen Durchmesser von fünf Metern und wiegt 87 Tonnen. Die absolut größte Glocke der Welt ist die sogenannte Zarenglocke im Moskauer Kreml. Sie ist 6,14 Meter hoch, hat einen Durchmesser von 6,60 Metern und wiegt 200 Tonnen. Die 1733 bis 1735 gegossene Glocke stürzte allerdings bei einer Feuersbrunst im Jahre 1737 ab, wobei ein 13 Tonnen großes Stück abplatzte. So wurde die Glocke nie wieder aufgehängt.

Diese große burmanische Glocke ließ 1790 der König Bodawpaya gießen, damit sie in ihren Ausmaßen zur riesigen Pagode passen sollte. Und wie immer in Asien rankt sich auch um die Glocke eine Legende: Angeblich ließ der König den begabten Glockengießer nach vollbrachtem Werk hinrichten, damit er nicht woanders ein ähnliches Werk schaffen würde. Beim Erdbeben von 1838 stürzte das alte Glockengebäude zusammen. Die Burmanen bauten einen neuen Tazaung, wie man ein solches Gebäude nennt und hängten die Glocke an einem riesigen Schäkel wieder auf.

Ein tiefer Ton dröhnt durch das Schutzhäuschen, als eine Gruppe junger Mädchen und einige rotgekleidete Mönche die Glocke mit einem riesigen, etwa eineinhalb Meter langen Klöppel anschlagen. Sie lächeln mir zu, drücken auch mir den Klöppel in die Hand und bedeuten mir, ebenfalls die Glocke anzuschlagen, weil es Glück bringen soll.

Wenige hundert Meter weiter, in Richtung Süden, findet sich ein weiterer Superlativ. Dort wollte König Bodawpaya (er regierte von 1782 bis 1819) die größte Pagode der Welt bauen. Und auch hier gibt es wieder Legenden: König Bodawpaya war der vierte Sohn des Dynastiegründers Alaungpaya. Er herrschte über Tenasserim, das Monland, Arakan und Zentralburma. Er hatte die Statue des Maha Muni in seine Hauptstadt gebracht, die ihm versprach, ihn unbesiegbar zu machen, und war gerade auch Besitzer eines weißen Elefanten geworden. Er war auf der Höhe seiner Macht.

Und diesem mächtigen Herrscher brachte 1790 eine Delegation aus China einen Zahn Buddhas und drei Enkelinnen des chinesischen Kaisers, die seine Ehefrauen werden sollten. Für die kostbare Buddha-Reliquie wollte er die größte Pagode der Welt errichten. Sein Ehrgeiz war, daß dieses Bauwerk sogar noch das riesige Phra Pathom Chedi im thailändischen Nakhon Pathom übertreffen sollte. Er verlegte sogar seine Residenz auf eine Insel im Irrawaddi, gegenüber von Mingun, um die Bauarbeiten ständig überwachen zu können.

Mit einer geplanten Höhe von 160 Metern wäre diese Pagode noch vier Meter höher gewesen als der Kölner Dom und damit einer der größten Sakralbauten der Welt geworden. Selbst das, was heute noch übriggeblieben ist, beeindruckt: Der Sockel hat eine Seitenlänge von jeweils 150 Metern und ist etwa 50 Meter hoch. An klaren Tagen kann man ihn angeblich von der Spitze des zehn Kilometer entfernten Mandalay Hill liegen sehen. Angeblich! Denn meist ist es im Tal des Irrawaddi zu dunstig, um diese Behauptung nachprüfen zu können.

Um diesen riesigen Bau zu vollenden, ließ Bodawpaya sich aus seinen eroberten Ländern tausende von Sklavenarbeitern holen. Die meisten kamen aus dem Arakan. Da der König dort außerdem Soldaten für seine Armee zwangsrekrutierte, flüchteten 50000 Arakanesen in das unter britischer Verwaltung stehende Bengalen. Von dort aus führten sie einen Guerillakrieg gegen das Reich Bodawpayas, der schließlich zum ersten Anglo-Burmanischen Krieg eskalierte.

Weil zu viele Menschen an der Pagode bauten und deshalb anderweitig Arbeitskräfte fehlten, stand das Land bald vor dem wirtschaftlichen Ruin. Das sah auch Bodawpaya ein und ließ das Projekt nicht weiter intensiv verfolgen. 1796 gab er seine Residenz auf der Insel vor Mingun auf, und bei seinem Tode 1819 wurden die Arbeiten ganz eingestellt. Bodawpaya hinterließ 122 Kinder und 208 Enkelkinder. Doch keines von ihnen widmete sich weiter dem Ausbau der Pagode.

Am Armys Day paradiert die burmanische Armee durch die Hauptstadt. Frauen hängen den Soldaten Blumenkränze um.

Der Topfhändler auf dem Markt in Rangun hat eine vielfältige Auswahl.

Auf der Straße zur Schwemawdaw-Pagode in Pegu herrscht den ganzen Tag über ein reger Verkehr.

Die Buchstaben für seine Schilder sägt der Schilderverkäufer einzeln mit der Laubsäge aus.

Vor den Horoskopen eines Wahrsagers handelt eine Inderin mit Gebäck.

Die Schwemawdaw-Pagode in Pegu ist noch größer als die Schwedagon-Pagode in Rangun.

Die Attraktionen auf dem Jahrmarkt um die Pagode sind etwas einfacher als bei uns. Aber den Kindern bereiten sie ebensoviel Freude.

Der Stupa einer kleinen Pagode wird mit neuen Spiegeln belegt.

Der rote Jeep ist bei der Abfahrt nach Kyauktan schon gut besetzt, ganz voll aber ist er immer noch nicht.

Beim burmanischen Boxen versuchen die Kämpfer sich blutende Wunden beizubringen.

In den Straßen von Rangun sammelt ein junger hinduistischer Fakir Nahrungsspenden.

Die Sinbyume-Pagode von Mingun hat König Bagyidaw 1816 zum Andenken an seine verstorbene erste Frau errichten lassen.

Große aufgemauerte Löwen sollten die Pagode von Mingun bewachen. Heute sind nur noch ihre gewaltigen Hinterteile zu sehen.

Der Sockel der Pagode ist bei einem Erdbeben wie mit einer Axt gespalten worden...

...auch über dem Eingang
klafft ein langer Riß.

Die Natur fängt an, die Ruinen zurückzuerobern.

1838 erschütterte ein Erdbeben die Region von Mingun, der Pagodensockel wurde dabei wie von einer Axt gespalten. Ein riesiger Riß zieht sich von oben bis unmittelbar über den Eingang. Ein seltsames Gefühl kriecht mir den Rücken hoch, als ich unter diesem Riß in die Pagode hineingehe, wo noch immer ein Standbild Buddhas steht und Einheimische auch heute noch Blumen opfern. Auch als Ruine ist die Pagode noch imposant. Und auch um sie ranken sich noch Legenden: Die Reliquienräume des riesigen Ziegelbaus soll der König mit Blei verkleidet und mit 1500 Figuren aus Gold, 2534 aus Silber und fast 40000 Figuren aus anderen Materialien gefüllt haben lassen. Dann waren die Räume versiegelt worden.

Den Zauber von Mingun machen nicht nur seine Attraktionen aus, er liegt auch in der Einsamkeit: Man steht vor einer Weltattraktion, und ist der einzige ausländische Besucher. In einem anderen Land als Burma wären sicherlich schon alle Wege asphaltiert worden, ein Schnellboot von Mandalay aus würde die Touristen herbringen und mit der Ruhe der Mönche in dem kleinen Kloster wäre es vorbei.

In der unmittelbaren Nähe der Glocke muß man die Überreste der einstigen Größe schon mit aufmerksamen Augen suchen. Zwischen den auf Stelzen stehenden Bambushütten liegen im Gras verstreut einige Steine, auf denen die Reste von Flügeln, Blumen und Krallen von Tierskulpturen zu sehen sind.

Bei der Rückfahrt nach Mandalay sitze ich unter dem Dach des kleinen Fährbootes. In der Mitte des Passagierraumes liegt der große Motorkasten, der aber nicht als Sitzgelegenheit dienen darf: »no allow to sit on it«, prangt in weißer Schrift auf dem Holz.

Zwei Amerikanerinnen schießen mit ihrer Kamera die umsitzenden Burmanen ab, die sich nicht dagegen wehren mögen. Doch ihr Verhalten zeigt, daß sie sich als Fotoobjekte nicht wohl fühlen. Als einer der Fotografinnen ein Objektivdek-

Auch bei der Rückfahrt nach Mandalay ist die Fähre wieder gedrängt voll.

kel vor die Linse rutscht, lege ich meine Hand auf ihren Arm, um sie darauf aufmerksam zu machen. Die Burmanen und auch die Frau verstehen mein Zeichen, mit der unhöflichen Fotografiererei aufzuhören. Kaum merkbar lächeln die Burmanen mir dankbar und erleichtert zu, weil ich die Situation, die von so wenig »anadäh« zeugte, beendet habe.

Auf der Rückfahrt dauern meine Sitzqualen nicht so lange. Weil das Schiff nun mit dem Strom fährt, ist es schon nach 50 Minuten wieder am Anleger von Mandalay. Taxi-Kutschen warten am Ufer bereits auf die Fahrgäste.

Eine dieser Pyramiden war mit daumendicken Platten aus Gold bedeckt, und die andere mit ebensolchen Platten aus Silber. Rings um die Kugeln waren kleine Glocken in Gold und Silber aufgehängt, die zu läuten begannen, wenn der Wind sie in Bewegung setzte. Das Ganze gewährte ein prächtiges Schauspiel.

(Marco Polo über die Stadt Mien)

Pagan – mit dem Fahrrad durch Pagodenfelder

Marco Polo hatte die Stadt Mien in den 70er Jahren des 13. Jahrhunderts besucht. Mien war der chinesische Name des damaligen burmanischen Reiches und zugleich Name der Hauptstadt Pagan. Und das Ganze, um mit dem Venezianer zu sprechen, bietet auch heute noch ein prächtiges Schauspiel, auch wenn die Pagoden mit ihren viereckigen Türmen, die er als Pyramiden bezeichnete, längst schon nicht mehr mit Gold bedeckt sind. Aber nirgendwo auf der Welt stehen so viele Pagoden beieinander wie in Pagan. Um diese Anhäufung besser zu verstehen, muß man sie schon in europäische Vorstellungen übertragen. Dann wäre es so, als hätte man sämtliche Kathedralen, Klöster, Kapellen und Kirchen des europäischen Mittelalters in einer großen Ebene nebeneinander errichtet.

Ich habe mir ein Fahrrad gemietet, um einen möglichst umfassenden Eindruck von dieser ehemaligen Hauptstadt zu bekommen. Denn um es zu Fuß zu erkunden, ist das Pagodenfeld zu groß. Räder vermieten die Guesthäuser in der Hauptstraße von Pagan. Sie ist leicht zu finden, denn es ist die einzig nennenswerte Straße im Ort. Die einst mächtige Stadt, die sich einmal stolz Arimaddanapura nannte, die Stadt, die ihre Feinde zertrampelt, ist heute ein Dorf.

Es ist angenehm, mit dem Rad durch die weite Ebene zu fahren. Schmale Trampelpfade und manchmal auch Karrenwege führen zu den einzelnen Pagoden. Die Sonne brennt zwar, aber trotzdem ist es für eine Radtour nicht zu heiß, weil die Luft so trocken ist. Die Ebene von Pagan zählt zu den Gebieten Burmas mit der geringsten Luftfeuchtigkeit. Bei meiner Rundfahrt entdecke ich sogar Sukkulenten, also Pflanzen, die an trockene, halbwüstenartige Standorte angepaßt sind. Solche Gewächse habe ich auch in den Randgebieten der Sahara gesehen.

Für die Trockenheit von Pagan ist einerseits die Bergkette des Arakan Yoma verantwortlich, die den Monsun abhält, aber auch Menschen haben ihren Teil dazu beigetragen. Zur Glanzzeit dieser Stadt zwischen 1084 und 1167 lebten dort einmal 500000 Menschen. Ihre Häuser bauten sie aus Holz, und Holz brauchten sie auch, um die Brennöfen anzuheizen, in denen die Ziegel für rund 13000 Pagoden gebrannt wurden. Diese Vernichtung der Wälder um Pagan ließ die Ebene verdorren. 2200 bis 2300 Pagoden, ich habe sie nicht nachgezählt, die Reiseführer machen da unterschiedliche Angaben, sind bis heute erhalten geblieben. Es ist eine der größten Ansammlungen

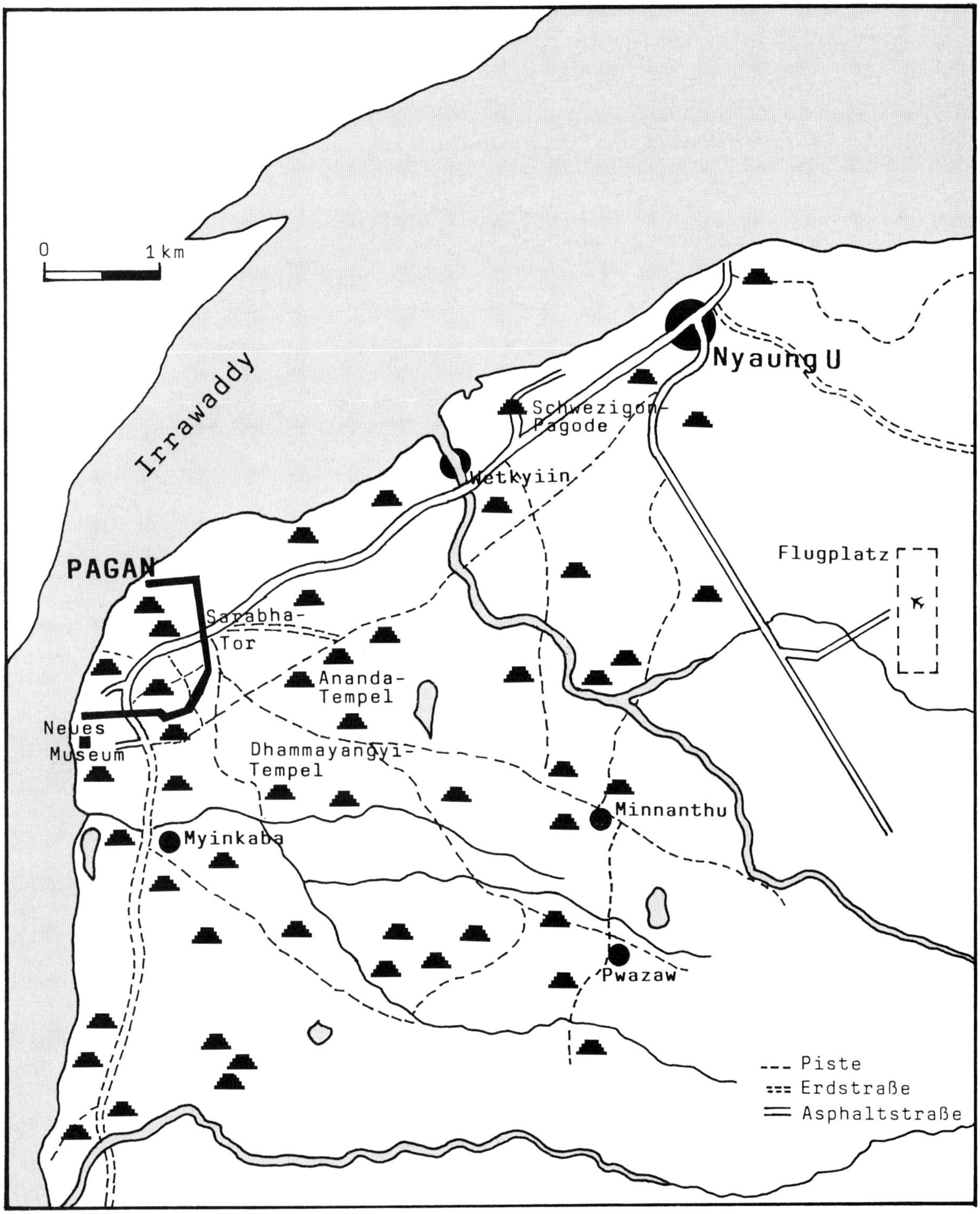
0
1 km
Irrawaddy
Nyaung U
Schwezigon-
Pagode
Wetkyiin
PAGAN
Sarabha-
Tor
Ananda-
Tempel
Flugplatz
Neues
Museum
Dhammayangyi-
Tempel
Minnanthu
Myinkaba
Pwazaw
Piste
Erdstraße
Asphaltstraße

Große und kleine Pagoden
und Tempel stehen verstreut
in der Ebene von Pagan.

Ein Ochsengespann zieht an
einer Reihe von Tempeln
vorbei.

Die Ebene von Pagan läßt sich gut mit dem Fahrrad erkunden.

Die Tempel von Pagan sind in unterschiedlichen architektonischen Stilen errichtet.

von buddhistischen Heiligtümern auf dieser Welt. Sie wird mit den großen Tempelanlagen wie Borobodur auf Java und Angkor Wat in Kambodscha in einem Atemzug genannt.

Die Gründung Pagans verliert sich im Dunkel der Sagen, erst im 19. Jahrhundert ließ König Bagyidaw im Glaspalast von Mandalay eine Chronik der burmanischen Könige erstellen, die sogenannte Glaspalastchronik. Da sie so spät erstellt wurde, ist ihre Glaubwürdigkeit, die sich weitgehend auf Überlieferungen stützt, unter Wissenschaftlern umstritten. Aber eine bessere Zusammenstellung der früheren burmanischen Geschichte gibt es nicht.

Nach dieser Chronik gilt König Thamudarit (107–152 n. Chr.) als der legendäre Gründer Pagans. 41 Könige folgten auf seinem Thron nach, bis mit der Regierungszeit von König Anawratha (1044–1077) die von der Geschichtsschreibung gesicherte Geschichte Pagans begann.

König Anawratha besiegte das Volk der Mon und holte aus deren Hauptstadt Thaton die königliche Familie, Mönche, Baumeister und Handwerker nach Pagan, die geistige und kulturelle Elite des unterlegenen Volkes. Ihre hochstehende Kultur setzte sich auch bei den Burmanen durch. Unter Anawrathas zweitem Nachfolger Kyanzittha (1084–1113) erlebte Pagan die Blütezeit des Tempel- und

Pagodenbaues. Im 12. Jahrhundert hatte Pagan den Beinamen »Stadt der vier Millionen Pagoden«, was allerdings sicherlich bei weitem übertrieben war.

Diese Blütezeit dauerte bis 1287, bis die Mongolen Pagan eroberten. Die nach buddhistischer Tradition aus Holz gebauten Wohnzimmer und Paläste Pagans zerfielen, später änderte der Irrawaddi seinen Lauf und riß ein Drittel der Stadt weg. Auch viele Pagoden wurden ein Raub der Fluten.

Am 8. Juni 1975 wurden die verbliebenen Ruinen von einem Erdbeben erschüttert, dessen Epizentrum in Pagan lag. Einige der Pagoden verloren ihre Htis, die heiligen Schirme, andere wurden in ihrer Bausubstanz schwer beschädigt. Mit internationaler Hilfe, unter anderem aus der Bundesrepublik Deutschland, wurden die Pagoden und Tempel wieder hergestellt. Allerdings nahm die burmanische Regierung nur finanzielle Hilfen an, die

Links: Vereinzelt zeigen noch Ziegel im Boden, wo auch früher einmal Gebäude gestanden haben.

Rechts: Golden glänzt die stehende Buddha-Statue in der Ananda-Pagode.

Relief an einem Tempel in Pagan.

Von Erdbeben sind die Tempel teilweise schwer beschädigt worden.

Arbeiten wurden von Burmanen ausgeführt. Denn die Wiederherstellung der Tempel war für die daran Beteiligten auch ein religiöses Verdienst, was hätten nicht Nichtbuddhisten schon davon gehabt?

Obgleich die einstigen Pagoden nur noch Ruinen sind, so gelten sie trotzdem noch als heilige Stätten. Und so muß auch ich beim Betreten dieser Anlagen meine Schuhe ausziehen und barfuß zur Spitze des Ananda- oder Gawdawpalin-Tempels aufsteigen, von denen man einen hervorragenden Überblick über das Ruinenfeld von Pagan hat.

Zwischen den großen Bauten wie der Schwezigon-Pagode, dem Dhammayanghyi-Tempel oder der Ananda-Pagode fallen die unzähligen kleineren Pagoden kaum noch auf. Der Blick schweift über die Ebene, man kann diese Fülle von Bauten gar nicht fasssen. Ich kann mir vor allem nicht vorstellen, daß hier einmal eine Stadt mit einer halben Million Einwohnern gestanden hat, weil von ihren Häusern keine Spuren übriggeblieben sind. Erst als ich einmal zu Fuß abseits der Wege über die Felder zwischen den Pagoden gehe, entdecke ich Tonscherben mit einfachen Kerbenmustern auf dem Boden. Und zwar in solcher Zahl, daß sie noch aus der Zeit stammen müssen, in der Pagan eine Stadt war. Die Bewohner des heutigen Dorfes können unmöglich so viele Töpfe zerschlagen haben.

Diese mehr oder weniger erhaltenen Pagoden und Tempel erinnern mich immer ein wenig an die Kupferstiche Piranesis (1720–1778), der vor mehr als zwei Jahrhunderten die Ruinen des alten Roms im Bild festhielt. Während die dortigen Ruinen heute in gepflegten und umzäunten Anlagen stehen, sahen sie damals noch so aus wie Pagan heute. Gras wucherte auf alten Mauern, Bäume sprossen aus Mauerlücken, und das Ganze hatten den Charme des romantischen Verfalls.

Die einstige Hauptstadt des mächtigen Burmanenreiches ist heute ein Dorf und der einzige Ort in Burma, der wirklich zu einem Touristenort geworden ist. Denn das Dorf mit seinen knapp 3000 Einwohnern ist zu klein, um die Touristen pro-

Ein Durchblick in der Ananda-Pagode.

Weiß leuchtet die Ananda-Pagode über die Ebene.

blemlos zu absorbieren, wie es in Städten wie Mandalay und Rangun, den anderen Hauptorten des Burma-Tourismus der Fall ist. So flackert in den Guesthäusern schon mal abends der Fernseher mit einem Videofilm für Touristen, so wird man in Pagan immer wieder auf legale und illegale Geschäfte mit Antiquitäten und Edelsteinen angesprochen. Spätestens in Pagan wird deutlich, wie sehr Burma die schädlichen Auswirkungen des Tourismus durch das Sieben-Tage-Visum eingedämmt hat.

Doch abseits der Hauptstraße hat Pagan seinen ländlichen Charakter bewahrt: Als ich nach Sonnenuntergang von einer der Pagoden durch eine stille Seitenstraße zurück zum Hotel gehe, fällt aus den Ritzen der Hauswände der Schein der Lampen. Menschen reden miteinander, und von irgendwoher summt ein Lied.

Am Irrawaddi hat eine Fähre angelegt, die Menschen packen ihre Lasten auf den Rücken und gehen ins Dorf zurück, wo sie mit dem letzten Tageslicht ankommen.

Die frühe Tropennacht brach herein,
und der Zug zuckelte weiter, langsam,
an kleinen Stationen haltend,
wo barbarische Schreie aus dem Dunkel ertönten

(George Orwell, Tage in Burma)

Mit der Bahn von Thazi nach Rangun

Die Hitze macht schläfrig, träge und gleichgültig. Zwischen geschäftigen Burmanen hocke ich reglos auf dem Bahnhof von Thazi und warte auf den Zug nach Rangun. Werde ich überhaupt die Energie aufbringen und mein Gepäck zum Zug schleppen können, wenn er kommt?

Morgens um drei Uhr schon hat mich der Bus von meinem kleinen Hotel in Pagan abgeholt, um mich durch die stockdunkle Nacht nach Thazi zu bringen, denn einen Flug von Pagan nach Rangun habe ich nicht mehr bekommen – die kleine Fokker-Maschine war völlig ausgebucht.

Schlaftrunken bin ich deshalb frühmorgens in den Bus gewankt, habe mich in eine der Sitzreihen fallen lassen und gehofft, noch ein wenig schlafen zu können. Auf der harten schmalen Bank aber war das unmöglich.

Nun auf dem Bahnhof von Thazi habe ich noch nicht einmal genug Energie, zu den Kameras zu greifen, obgleich die Szenerie ringsum sehr fotogen ist. Bauern kommen mit ihren großrädrigen Karren zum Bahnhof, andere hocken zwischen vollen Körben mit Feldfrüchten auf dem Bahnsteig, auch sie warten auf den Rangun-Expreß, ebenso wie die fliegenden Händler mit Tabletts voller Eßwaren, Tee oder kalten Getränken, die sie den Reisenden anbieten werden, wenn der Zug hält. Denn einen Speisewagen gibt es nicht.

Als der orangefarbene Zug einläuft, raffe ich mich auf, suche mir in einem Waggon einen freien Platz auf einer der Holzbänke und lasse mich wieder fallen. Richtig wach werde ich erst, als durch die geöffneten Fenster der Fahrtwind Kühlung bringt.

Ich beneide ein burmanisches Ehepaar auf der Bank gegenüber. Während ich nach einigen Stunden Fahrt auf den harten Holzbänken kaum noch sitzen kann, scheint es dem Ehepaar überhaupt nichts auszumachen. Mal hockt es im Schneidersitz auf den Bänken, dann wieder mit ausgestreckten Beinen. Aber als Europäer bin ich für solche Lokkerungsübungen nicht gelenkig genug, schon nach kurzer Zeit sind die Beine im Schneidersitz eingeschlafen.

Vor den Zugfenstern wechselt die Szene schnell. Wir fahren durch endlos scheinende Sonnenblumenfelder, deren Blüten der sengenden Mittagssonne abgewandt sind. Dann wieder durch abgeerntete Reisfelder, auf denen mit dichtem Qualm das Reisstroh nach der letzten Ernte verbrannt wird.

Auf den wenigen Bahnhöfen umschwärmen flie-

Jedesmal wenn ein Zug einläuft, herrscht auf dem Bahnsteig großes Gedränge.

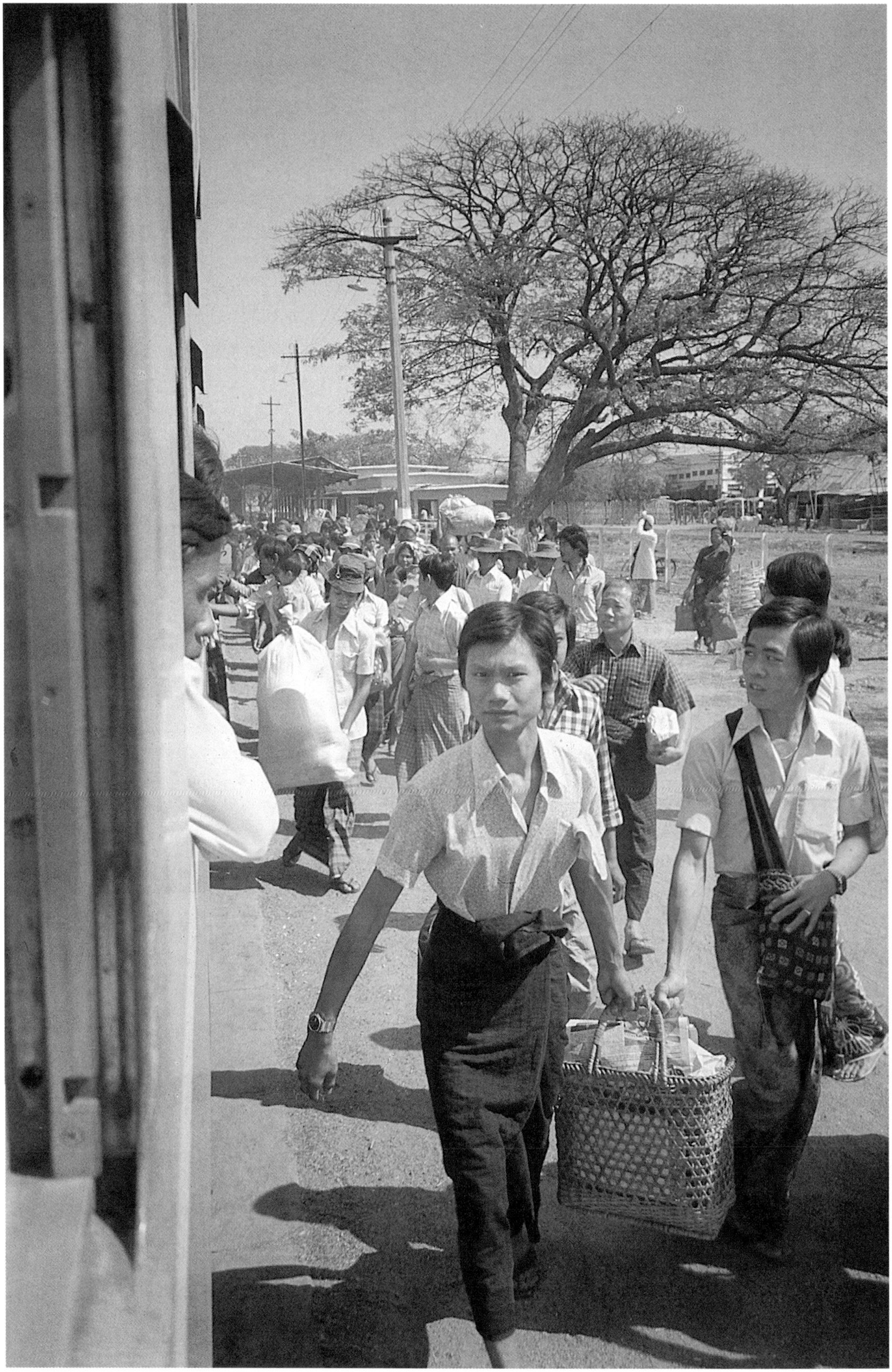

Die harten Holzbänke in den Waggons sind bis auf den letzten Platz belegt.

Fliegende Händler bringen den Reisenden Verpflegung an den Zug.

Ein Fahrgast bedient sich mit Trinkwasser.

gende Händler den Zug, sie reichen Nahrungsmittel herein, die in grüne Bananenblätter eingewikkelt sind. Andere haben knusprigbraunen, gefüllten, ausgebackenen Teig dabei. Die Stücke erinnern ein wenig an die bei uns bekannten Frühlingsrollen, allerdings sind sie dreieckig und schmecken wesentlich würziger.

Eine schlanke Frau balanciert eine Teekanne auf dem Kopf, in der Höhe der Zugfenster, und hält ein Tablett mit Gläsern in der Hand. Wer trinken will, nimmt sich ein Glas vom Tablett, schenkt sich aus der Kanne ein und legt das Geld aufs Tablett. Dann balanciert die Frau mit ihrem anmutigen Gang weiter zum nächsten Fenster. Auch ich schenke mir einen Becher grünen Tee ein, dann ruckt der Zug wieder an. Die Händler laufen noch ein paar Schritte nebenher, um die letzte Ware loszuwerden oder Wechselgeld herauszugeben, dann wird der Zug zu schnell und sie verschwinden in der Ferne.

Langsam sinkt die Sonne, sie färbt sich von gelb zu rot. Die abgeernteten Felder sind trocken, ein Ochsenkarren zieht eine lange Staubfahne hinter sich her. Einen kurzen Augenblick hebt er sich vor der tiefroten Sonnenscheibe ab, viel zu schnell zieht das Bild vorbei, um noch zur Kamera greifen zu können.

Vor den Zugfenstern tauchen jetzt Siedlungen auf, wir haben die Randgebiete von Rangun erreicht. Seltsam ländlich wirken diese Vororte der Millionen-Stadt.

Dann endlich, es ist mittlerweile dunkel geworden, läuft der Zug in den Hauptbahnhof von Rangun ein. Aber am Ende meiner Reise bin ich noch lange nicht. Denn vor dem Bahnhof entbrennt ein Streit um die Taxis und deren Fahrer wissen Kapital daraus zu schlagen, daß die Passagiere müde sind und möglichst schnell weiter wollen. Als mir die Preisvorstellung eines Fahrers nun wirklich unakzeptabel hoch ist, handle ich nicht weiter, sondern suche mir ein anderes Taxi, mit dessen Fahrer ich schneller handelseinig werde. Doch bevor er starten kann, steckt schon der Fahrer des teuren Taxis seinen Kopf in das Fenster und beschimpft seinen Landsmann mit einem bösartigen Wortschwall. Mein Fahrer fühlt sich hin- und hergerissen. Den Konflikt, der sich im Innern

Auf einem Bahnhof unterwegs: Zwei Männer bringen Hühner zum Zug.

abspielt, kann ich im Rückspiegel gut auf seinem Gesicht ablesen.

Aber mit einer Banknote, die ich ihm heimlich zustecke, nehme ich ihn für mich ein. Der andere Fahrer ist wütend, schlägt noch einmal mit der Faust aufs Dach, als wir losfahren. Dann erst sucht er sich einige burmanische Fahrgäste, die sich mit den Fahrpreisen besser auskennen als ich und von denen er sicherlich nur einen Bruchteil dessen bekommen wird, als er von mir noch nach dem Runterhandeln erhalten hätte.

Im Strand-Hotel stürze ich noch mit meinem Gepäck auf dem Rücken an die Bar und rufe nach dem Barkeeper, der gerade sehr ausgiebig mit seinen Abrechnungszetteln beschäftigt ist: »Ein Bier bitte – dies ist ein Notfall!« Etwas unwillig sieht er von seiner Arbeit auf, die er so konzentriert erledigt, aber als er mein abgespanntes, verschwitztes Gesicht sieht, stellt er gleich eine der großen Bierflaschen auf den Tresen und lacht: »Ja, ich sehe, das ist ein Notfall.«

Das Bier hat meine Lebensgeister wieder geweckt, ich gehe zum Essen in ein China-Lokal um die Ecke. Mir fällt erst später auf, daß der Kellner etwas schelmisch lächelte, als er mir die Eßstäbchen hinlegte. Die ganze Familie schaut zu mir herüber. Na, noch nie einen Europäer mit Stäbchen essen sehen, denke ich.

Als mein Essen kommt, steht die ganze Lokal-Besatzung vor der kleinen Mauer, die die Küchenecke abtrennt und sieht zu mir herüber. Die Gesichter werden schon etwas länger, als ich ganz selbstverständlich die Stäbchen richtig anfasse und auch kleine Brocken damit sicher zum Mund führe. Aber irgendetwas Lauerndes haben sie doch noch im Blick. Also Vorsicht Langnase, denke ich mir, da ist noch etwas im Busch.

Und die Chinesen kommen auch noch auf ihre Kosten: Wenig später bricht eines der wohl schon angebrochenen Stäbchen ab. Ich mache pflichtschuldigst ein dummes Gesicht, lache mit den Chinesen und bekomme neue Stäbchen...

*Wir fahren durch einen Kanal,
ähnlich wie ein Eisbrecherkanal in nördlichen Gewässern,
der aus einem festen und dichten Teppich von üppigen
Wasserhyazinthen herausgeschnitten ist.*

(Jörgen Bitsch, Warum lächelt Buddha?)

Lake Inle – der See mit den geheimnisvollen Ruderern

Die Luft ist klar an dem Bergsee in rund 1000 Meter Höhe. Nur ein leichter blauer Dunstschleier liegt vor den umgebenden Bergketten in der Ferne. Am tiefblauen Himmel ziehen nur einige weiße Wolken, und das Wasser ist spiegelglatt. Dieses Wasser ist so klar, daß man dort, wo der Bug unseres Bootes es noch nicht geteilt hat, wo es noch nicht gekräuselt ist, wo sich noch kein Schaum von der schnellen Fahrt unseres Bootes gebildet hat, bis in die Tiefe sehen kann. Deutlich sind die Wurzeln der Wasserhyzinthen zu sehen, die den See in Ufernähe über große Flächen bedecken und ihn langsam zu ersticken drohen.

Ah Mwe im Heck des Bootes muß immer wieder die Schraube an der langen Welle aus dem Wasser heben und in der Luft drehen lassen, damit sie sich von den anhängenden Pflanzenresten befreien kann. Ein Außenbordmotor würde hier in kurzer Zeit hoffnungslos von den langen Schlingen der Wasserpflanzen außer Gefecht gesetzt. Und diese Schiffsschraube am Stiel hat noch einen weiteren Vorteil: Als wir uns dem offenen Wasser nähern, gibt Ah Mwe kurz Vollgas und zieht dann die Schraube aus dem Wasser. Mit einem scharfen Knirschen schiebt sich das Boot über ein Brett am Ende des Kanals. Ich sehe fragend zu Ah Mwe hinüber. »Das soll verhindern, daß die Wasserhyazinthen in den Kanal hineintreiben und ihn verstopfen«, erklärt mir mein Bootsführer.

Ah Mwe sieht anders aus als die Einwohner Burmas, mit denen ich bislang zu tun hatte: Sein Gesicht ist schärfer geschnitten. Er gehört zu den Intha, die sich selbst das Volk vom See nennen und sich im Laufe ihrer Geschichte hervorragend an ein amphibisches Leben angepaßt haben. Ihre Häuser und Pagoden stehen auf Pfählen im Waser, sogar ihr Gemüse bauen sie auf schwimmenden Feldern an. Ich habe Ah Mwe in Yaunghwe aufgetrieben, wo er als einer der wenigen englisch sprechenden Bootsführer bereit war, mit mir über den See zu fahren und mir dessen Eigenarten zu erklären. Dieser See ist 158 Quadratkilometer groß, doch oft muß man bis zu fünf Kilometer weit durch den Gürtel aus Schilf und Wasserhyazinthen fahren, bis man endlich freies Wasser erreicht. Zusammen mit dem Schlamm, der aus dem Fluß Balu Chaung im Süden herangeführt wird, drohen die Wasserhyazinthen den See langsam zu ersticken. Die Intha, die im 18. Jahrhundert wegen der dauernden Konflikte zwischen Thais und Burmanen aus ihrer ursprünglichen Heimat in Tenasserim vertrieben wurden und sich hervorragend an das Leben auf

Das Flugzeug nach Heho am Inle-See
ist voll besetzt.

Ein Straßenschild in Taungghi am Inle-See. Da
Männer wie Frauen Longhies tragen, ist auch die
Figur auf dem Schild so gemalt.

diesem See angepaßt haben, werden dann umlernen müssen, wenn es nicht gelingt, den langsamen Tod des Gewässers zu stoppen.

Einstweilen aber nutzen die Intha die Wasserhyazinthen sogar noch zum Leben: Das Gewirr aus den treibenden Pflanzen und dem Schlamm braucht etwa 50 Jahre, um eine ausreichende Humusschicht zu bilden, auf der dann gleichsam in Hydrokultur Gemüse angebaut werden kann. Und so zählen die Bauern der Intha sicherlich zu den wenigen ihres Berufsstandes, die ihre Feldarbeit vom Boot aus erledigen. Denn diese schwimmenden Felder tragen zwar die Pflanzen, aber nicht das Gewicht eines Menschen. So sind die Felder denn auch in so schmalen Streifen angelegt, daß man sie mit dem Werkzeug bequem vom Boot aus erreichen kann.

Ah Mwe steuert sein Boot vorsichtig, damit der Schwell der Schraube die flachgehenden Boote der Gärtner nicht vollschlägt, durch die engen Kanäle zwischen den einzelnen Beeten hindurch. »Diese verfilzten Pflanzen kannst du dann vom Staat kaufen, sie werden dir sogar bis in die Nähe deines Dorfes geschleppt,« erklärt Ah Mwe. »Aber es gibt auch Leute, die fangen losgelöste, treibende Flächen ein, flechten sie zu schwimmenden Gärten zusammen und laden den fruchtbaren Schlamm drauf, den sie vom Seeboden geholt haben.« Ein Gärtner steht mit der Harke in der Hand in seinem Boot und jätet auf einem solchen Beet Unkräuter. Ein Stück weiter zieht eine Frau große, grüne Stauden aus der Hydrokultur und legt sie in ihr Boot. Später auf dem Markt in Ywama werden wir sie wiedertreffen.

Auch dieser Markt ist natürlich auf dem Wasser. Die wenigen Läden haben ihre Fronten zur Wasserseite. Wo man bei uns sein Auto parken oder das Fahrrad abstellen würde, sind dort kleine Ringe befestigt, an die man während des Einkaufs sein Boot binden kann. Aber im Wesentlichen handeln die Intha hier von Boot zu Boot. Sie paddeln zwischen den vollbeladenen Booten der Händler umher, suchen sich ihre Waren aus. Es gibt viel Fisch, aber auch Blumen werden vom Boot aus angeboten. Quer durch den regen Betrieb rudert ein Boot, das rotgewandete Mönche zu einem Kloster bringt.

Als wir wieder auf die freie Fläche des Sees hinausfahren, sehe ich zum ersten Mal das faszinierende Schauspiel der Beinruderer. Für ihren Fischfang haben die Intha eine in der Welt einmalige Methode entwickelt. Sie stehen aufrecht im Bug ihres Bootes, halten das lange Ruder in einer Hand und drücken es mit dem Fuß zurück. So können sie senkrecht, ohne von Spiegelungen geblendet zu werden, in das glasklare Wasser sehen und Fischschwärme orten. Wenn sie Bewegungen im Wasser erkennen, senken sie eine mehr als mannshohe Fischreuse auf den Seeboden, der nirgendwo tiefer als drei Meter ist, und stoßen mit einer Holzstange in diese Reuse hinein. Die Fische versuchen zu fliehen und verfangen sich mit ihren Kiemen in den Maschen der Reuse. Der Fischer kann sie herausholen und die Fische einzeln herausziehen.

Es ist faszinierend, zu sehen, wie geschickt und schnell die Fischer ihre schmalen Boote manövrieren, es sieht aus, als würden sie über das Wasser laufen. Und daß diese Kunst nicht verlorengeht, dafür sorgen die Jugendlichen. Sie machen sich einen Spaß daraus, mit den Booten regelrecht Wettrennen zu liefern, was so aussieht, als würden sie nebeneinander her über das Wasser laufen.

Wesentlich gelassener als die Beinruderer zieht ein Händler mit einem anderen Boot über den See. Er hat an einem kleinen Mast ein grünes Segel hochgezogen und läßt sich vor dem Wind treiben. Träge winkt er uns zu, als wir ihn überholen.

Im Dunst der Ferne werden langsam die Konturen einer Pagode deutlicher. Es ist die Phaung Daw U Pagode, die auf einer Insel im See erbaut wurde. Ah Mwe wird lebhaft: »Du mußt einmal im September wiederkommen, wenn wir hier das Phaung Daw U Fest feiern. Dann werden die fünf Buddhafiguren aus der Pagode mit Booten in die zehn

Durch einen langen Kanal fahren wir zwischen Wasserhyazinthen hindurch zum freien Wasser des Inle-Sees.

Wohnhäuser, ja selbst die Pagoden und Klöster sind mit Pfählen auf das Wasser gebaut worden.

Vom Boot aus erledigt ein Bauer seine Arbeit auf den schwimmenden Feldern.

Eine Blumenverkäuferin auf dem schwimmenden Markt.

Einmalig auf der Welt ist die Technik, ein Boot mit den Füßen zu rudern.

Mit viel Geschick bewegen die Fischer ihre Reusen auf den schmalen Booten.

Die Jugend sorgt dafür, daß die Rudertechnik nicht in Vergessenheit gerät.

großen Dörfer am See gebracht. Und die Beinruderer tragen ihre Wettrennen aus.«

Die Statuen werden in einer Barke in der Form eines riesigen vergoldeten Hintha-Vogels gefahren, was ahnen läßt, welcher Prunk früher einmal an den burmanischen Königshöfen entfaltet wurde.
In der Nähe der Pagode essen wir in einem kleinen dörflichen Restaurant – natürlich Fisch, der auf chinesische Art im Wok zubereitet wurde und hervorragend schmeckt.

Am Nachmittag steuert Ah Mwe einen weiteren kleinen Kanal zwischen den grün wuchernden Pflanzen an. Unter schmalen Fußgängerbrücken hindurch erreichen wir ein paar Hütten auf Pfählen, aus denen das rhythmische Klacken von Webstühlen zu hören ist. Die Männer und Frauen der kleinen Manufaktur lassen bei unserem Besuch gern einen Augenblick die Arbei ruhen. Sehr aktiv scheinen sie zu dieser Nachmittagstunde ohnehin nicht gewesen zu sein: Auf dem Carrom-Brett liegen noch die Steine. Die Webarbeiten der Intha vom Inle-See sind im ganzen Land für ihre gute Qualität bekannt, die hier gewebten Longhies fassen sich auch viel weicher an.

Gemütlich tuckert unser Boot am späten Nachmittag wieder in Richtung Yaunghwe, dem Heimathafen des Bootes. Yaunghwe ist einer der größten Orte am Inle-See; abends herrscht hier geradezu ein Gedränge an zurückkehrenden Booten. Die Intha beherrschen ihre Technik des Bein-

Auf den Markt von Taungghi kommen die Angehörigen der verschiedenen Bergvölker mit ihren Waren.

ruderns so perfekt, daß sie sogar dann, wenn sie ihr Boot ohne Motor durch den engen Kanal zum Liegeplatz bringen, mit den Füßen das Ruder bedienen.

Beim Abschied gibt mir Ah Mwe noch den Rat mit auf den Weg, unbedingt am nächsten Morgen auf den Markt von Taunggyi zu gehen: »Dort kommen viele Leute von den umliegenden Bergvölkern, um ihre Waren zu verkaufen. Manchmal kannst du sogar Padaung sehen, das sind die Frauen, die so viele Messingringe um den Hals tragen.«

Diese Frauen, deren Volk in einem Gebiet wohnt, das für Ausländer gesperrt ist, habe ich zwar nicht gesehen, aber ansonsten hat Ah Mwe nicht zuviel versprochen. Zwischen Körben voller Feldfrüchte sitzen Frauen anderer Bergvölker mit spitzen Hüten und handeln lange um den Preis ihrer frischen Waren. Die unterschiedlichen Trachten auf dem Markt bieten ein buntes Bild.

Die eigenartigsten Pagoden sind wohl die in den Kelasabergen auf rundgewaschenen Felsblöcken auf der Spitze hoher Felsen erbauten, wie die von Kyaik Ti yo in einer Höhe von zwölfhundert Meter.

(Ernst von Hesse-Wartegg, Die Wunder der Welt)

Kyaiktiyo – eine Wallfahrt zum goldenen Felsen

Es ist kalt. Der Tau perlt in kleinen Tropfen von den Bambusblättern. Die Sonne wärmt so früh am Morgen noch nicht richtig, hier oben in 1200 Meter Höhe. Etwas verschlafen trete ich kurz nach Sonnenaufgang aus der einfachen Pilgerunterkunft auf dem Berg.

Aber die Mönche sind schon vor mir wach. Sie haben lange Pilgerfahrten auf sich genommen, um jetzt dabeisein zu können, um teilzunehmen an der Opferzeremonie vor dem unvergleichlichen Stein, der golden über dem tiefgrünen Dschungel glänzt.

Entspannt und gelöst sind die Gesichter der heiligen Männer, während sie barfuß über die kalten Fliesen auf den Stein zuschreiten. Sie stellen auch hier Kerzen auf, deren langsames Herunterbrennen bis zum Verlöschen an den Weg des eigenen Lebens und an dessen Ende erinnern soll.

Und auch hier legen sie Blumen nieder – ebenfalls als Sinnbild. An den Fels kleben die Mönche briefmarkengroße, hauchdünne Blattgoldstücke als Zeichen der Verehrung Buddhas. Der Wind wird wenig später Teile der Blättchen vom Stein zerren, denn überall auf dem Plateau liegen winzige Blattgoldfetzen herum.

Dann bleiben die Mönche reglos stehen oder hocken im Lotossitz vor dem heiligen Stein. »Om mani padme hum«, »Oh, du Edelstein im Lotos« (eine Umschreibung für den Namen Buddhas), murmeln sie vielfach. Dann wieder schweigen sie, jeder für sich Buddha Siddharta Gautamas gedenkend und seiner guten Taten.

Denn nicht ein Gott ist es, zu dem sie beten, sondern ein Mensch, an dessen vorbildliches Leben sie sich erinnern. Ein Mensch, der das Ziel ereicht hat, der ein Erleuchteter geworden ist und aus dem ewigen Kreis der Wiedergeburten erlöst ist. Ein Mensch, der die Ursachen des Leids in der Welt erkannt und in seiner Lehre Wege zur Abhilfe gezeigt hat. Vielleicht ist gerade dies das Faszinierende am Buddhismus, daß der Mensch gehalten ist, sich einen Menschen zum Vorbild zu nehmen und nicht die übermenschlichen Anforderungen eines Gottes zu erfüllen. Diese eigentlich religiöstherapeutische Heilslehre, als die sie ja auch viele Europäer anspricht, wurde mit dem Glauben an die Wiedergeburt zu einer Religion.

Obgleich die Zeremonie so farbenprächtig und die Pagode so außergewöhnlich ist, bleiben Mönche und burmanische Gläubige hier unter sich. Hier herrscht kein touristischer Rummel, der sich an vielen anderen Wallfahrtsorten der Welt breitgemacht hat. Als einziger Europäer falle ich zwischen den Asiaten auf. Sie sehen mich freundlich-neugierig an und fragen Mun, meinen burmanischen Begleiter, woher ich komme.

Dieser Teil von Niederburma, die Region um die Kyaiktiyo-Pagode, ist für Ausländer Sperrgebiet. Das hat nicht etwa religiöse Gründe, dafür ist der Buddhismus viel zu tolerant, sondern politische. Denn nur wenige Kilometer entfernt kämpfen die Karen, eines der Völker aus dem Vielvölkerstaat Burma, um ihre Selbständigkeit und Unabhängigkeit von der Zentralregierung in Rangun. Dabei dringen die schwerbewaffneten und militärisch straff organisierten Rebellen bis nach Niederburma vor. Und die Zentralregierung möchte vermeiden, daß ausländische Touristen in Kampfhandlungen verwickelt werden. Mir aber war es gelungen, in Rangun eine Ausnahmegenehmigung für den Besuch der Pagode zu bekommen. Doch nur unter einer Voraussetzung: Ein burmanischer Führer sollte mich begleiten und für meinen Schutz sorgen.

Während die Mönche noch meditieren, wird es auf dem Plateau lebendig. Auch die übrigen Pilger bringen nun ihre Opfer dar. Aus dem ganzen Land hat es sie zu der einzigartigen Pagode gezogen. Einen halben Tag lang sind sie in einem alten, klapprigen und engen Bus von Rangun nach Thaton gefahren, demselben, mit dem auch ich gekommen bin. Frühmorgens waren wir in Rangun abgefahren, der Bus war so voll besetzt, daß in den Mittelgang zwischen die Sitze sogar noch kleine Holzhocker gestellt worden waren, auf denen die Pilger Platz genommen hatten.

Von Thaton aus sind wir zwölfeinhalb Kilometer weit auf heißen Dschungelpfaden den Berg hinaufgestiegen. Unterwegs hatten wir Mönche in roten Roben überholt, aber auch andere Pilger, die sich auf lange Bambustöcke stützten. Manche führten Kranke mit. Menschen, die nicht mehr gehen konnten, wurden in Hängematten an Bambusstangen von Trägern zum Gipfel gebracht.

Denn nicht nur der Glaube führt zur Kyaiktiyo-Pagode, sondern auch der Aberglaube. Wer als Kranker zum Felsen pilgert und in einer der Quellen an seinem Fuße badet, wird gesunden, so hoffen sie. Das war auch der Grund, weshalb Mun mich davon abhielt, in dem leise plätschernden Wasser die Hände zu kühlen. Die Toleranz des Buddhismus hätte es sicherlich erlaubt, aber die alten burmanischen Geister sind da intoleranter...

Nach ihrer Andacht vor dem Stein kommen die Mönche zurück. Nicht mit feierlicher Miene, wie sie Pilger bei Wallfahrten sonst oft zeigen, sondern heiter und gelöst, wie es dem Wesen ihrer Religion entspricht. Neugierig umringen sie mich, den Fremden. Einer von ihnen spricht fließend Englisch. Ngwe Khaing heißt er und lebt in einem Kloster in Mandalay, der alten burmanischen Königsstadt. Wir unterhalten uns lange an diesem Vormittag, so manche Frage zum Buddhismus kann er mir beantworten. »Nimmst du keinen Anstoß daran, daß ich als Christ zu einer eurer heiligsten Stätten komme?« möchte ich von ihm wissen.

»Nein, wenn du selbst ein Suchender bist, so sei hier willkommen, bete hier auch zu deinem Gott. Du bist bei deiner Suche nur auf einem anderen Pfad als ich.« Ein neuer Beweis für die Toleranz des Buddhismus.

Wie ist Ngwe Khaing von Mandalay im Norden Burmas bis zur Kyaiktiyo-Pagode hier im Süden gekommen? Die Fahrt ist nicht ganz billig, und die Mönche dürfen offiziell kein Geld besitzen. Fahren sie kostenlos in den öffentlichen Verkehrsmitteln?

»Nein, auch wir müssen bezahlen. Aber Menschen, die etwas Gutes tun wollen, tragen die Kosten für diese Pilgerfahrt. Es ist ein sehr großes Verdienst, einem Mönch eine Pilgerreise zu ermöglichen.«

Eigentlich, so setzt Ngwe Khaing noch mit etwas schuldbewußter Miene hinzu, müßten ja alle Mönche den Weg zur Pagode zu Fuß, wandernd von Kloster zu Kloster, zurücklegen. Denn dem Hang nach Bequemlichkeit dürfen sie nicht nachgeben. Aber die modernen Zeiten... Bequem, so versu-

Die Pagode von Kyaiktiyo liegt über einem tiefen Abgrund.

Der Felsen scheint
jeden Augenblick
abstürzen zu können.

Völlig mit Goldplättchen beklebt ist die Statue des Maha Muni in der Arakan-Pagode von Mandalay.

In jedem der kleinen Tempel der Kuthodaw-Pagode steht eine Steinplatte mit dem Tripitaka-Kanon.

Auch für die Mönche ist die größte hängende Glocke der Welt eine Attraktion.

Mit dem burmanischen Tanz werden oft Ereignisse aus Legenden und der Geschichte dargestellt.

Die Rudertechnik der Fischer auf dem Inle-See ist einzigartig auf der Welt.

Der Aufweg zur Kyaiktiyo-Pagode ist heiß und beschwerlich.

Im frühen Morgenlicht haben sich die Mönche zur Andacht vor der Kyaiktiyo-Pagode versammelt.

Sonnenuntergang in Pagan.

Schon früh morgens kommen die Mönche mit Opfergaben.

che ich ihn zu beruhigen, sei die Fahrt in dem alten Bus mit seinen harten Holzbänken nun wirklich nicht gewesen. Nicht nur ich als Europäer, auch einige Burmanen hatten unterwegs vor Schmerz ihre Gesichter verzogen.

Über den Bau der Pagode erzählt Ngwe Khaing eine lange Geschichte von Geistern und Halbgöttern sowie von einem König Tissa, der von ihnen abstammte. Der Gekrönte wiederum verehrte einen Einsiedler, der in den Bergen Niederburmas ein frommes Leben führte. Als der heilige Mann sein Ende nahen fühlte, schickte er nach dem König und erzählte ihm, wie Buddha einst in dieses Land gekommen war. Der Erleuchtete hatte ihm eine Locke seines Haares gegeben, die der Einsiedler in seinem Haarknoten verwahrte. Nun, da er sein Ende nahen spürte, wollte er diese Locke, wie es dem Willen Buddhas entsprach, in einem Stupa eingeschreint wissen. Eine der Bedingungen, die er Tissa stellte, war, daß der Stupa auf einem Felsen gebaut sein müsse, der die Form seines Kopfes habe.

Die Männer des Königs durchstreiften das Land, bis sie endlich einen solchen Fels fanden. Es war der Findling bei Kyaiktiyo. Dieser Stein ist sicherlich schon früher von Menschen, die noch an Gei-

Für die Pilger wurden einfache Herbergen an den Wegrand gebaut.

Die Mönche halten am Stein ihre Andacht.

ster glaubten, wegen seiner außergewöhnlichen Form als Heiligtum verehrt worden.

Die Kyaiktiyo-Pagode fasziniert nicht nur wegen dieser außergewöhnlichen Lage auf dem vergoldeten, labilen Findling. Sie gehört zum ursprünglichen Typ buddhistischer Pagoden, von denen nur noch wenige erhalten sind. Nur knapp sechs Meter hoch ist der Stupa, der glockenförmige Pagodenturm auf dem Fels. Doch er ist auch einer der heiligsten in diesem Land der vielen tausend Pagoden, weil dieser Turm, der Überlieferung zufolge schon zu Lebzeiten Buddhas, also vor rund zweieinhalbtausend Jahren, errichtet worden ist. Um solche einfachen Stupas hatten sich die ersten Gläubigen dann nach Buddhas Tod versammelt.

Der buddhistische Kult war anfangs bildlos, lange Zeit blieb der Stupa allein das Heiligtum. Er ist ein symbolischer Grabhügel, ursprünglich fast halbkugelförmig, wie er noch heute in Ceylon gebaut wird.

Die ersten dieser Art wurden zur Zeit des Kaisers Ashoka (324 – 187 v. Chr.) errichtet. Als Grabhügel symbolisierten sie zweierlei: Einerseits wurden sie tatsächlich meist über sterblichen Überresten Buddhas errichtet, anderseits erinnern sie an Buddhas Eingehen in das Nirwana und damit an den eigentlichen Sinn dieser Heilslehre.

Mönche lebten zu jener Zeit noch in einfachen Höhlen oder Einsiedlerhütten. Erst rund 500 Jahre nach Buddhas Tod, also kurz nach Beginn der christlichen Zeitrechnung, begann man auch im Buddhismus Bildnisse zu verehren. Und zu ihrem

Frauern opfern Kerzen.

Auf dem Weg zur Pagode wurden für die Pilger schattige Plätze für Ruhepausen eingerichtet.

Beliebtes Souvenir von einer Pilgerreise sind die Bilder von der vergoldeten Pagode.

Schutz entstanden erste Klöster mit Gebäuden rund um die Stupas.

Es folgten Unterkünfte für wallfahrende Mönche und Laien. Langsam wuchsen so die Klöster und Pagoden, denn es galt als religiöses Verdienst, sie zu verschönern und zu vergrößern. Auch die Stupas selbst wuchsen, wurden mit immer neuen Schichten, die sie wie die Schalen einer Zwiebel überdeckten, noch und noch überbaut, so wie die Schwedagon-Pagode in Rangun, die von ursprünglich weniger als 20 Metern zu einer Höhe von 116 Metern ausgebaut worden ist.

Bei der Kyaiktiyo-Pagode ging das nicht. Wegen ihrer außergewöhnlichen Lage auf dem überhängenden Fels war für Nebengebäude und Buddha-Bildnisse kein Platz. Zwar sind in der Nähe der Kyaiktiyo-Pagode inzwischen auch einige Mönchsunterkünfte und Gästehäuser gebaut worden, doch stehen sie in respektvollem Abstand zum Stupa.

Daß Buddha wirklich selbst während seiner Reisen nach Burma gekommen war, ist nicht erwiesen, ja sogar unwahrscheinlich. Sicher aber ist, daß Kaiser Ashoka nicht nur die ersten Stupas bauen ließ, sondern auch Mönche durchs Land schickte, die Kunde vom Buddhismus zu verbreiten. Wahrscheinlich brachten sie die Haar-Reliquie nach Burma.

Während ich mich mit Ngwe Khaing noch über Sagen und religiöse Fragen unterhalte, tritt ein Offizier der burmanischen Armee dazu und holt mich auf den Boden der weltlichen Tatsachen zurück. Denn friedlich liegt zwar die Pagode über dem scheinbar endlosen Dschungel, und Soldaten, Waffen und militärische Wachsamkeit scheinen dazu nicht so recht zu passen, aber sie sind dennoch nötig. Schon ein einziger Sprengstoffanschlag der Karen auf den Felsen könnte eine der seltsamsten und ältesten Pagoden Burmas in Sekundenbruchteilen vernichten.

Wie nötig diese Wachsamkeit ist, erfahre ich einige Zeit nach meinem Besuch bei dem goldenen Stein: Eine Ranguner Tageszeitung berichtet von einem Überfall auf Pilger, die auf den Berg zogen. Karen-Rebellen, so das Blatt, hatten ihnen Geld und Wertsachen abgenommen, außerdem noch die aus Stroh gebauten Herbergen am Weg niedergebrannt. Die Pagode selbst hatten sie aber nicht angetastet. Das hätte ihnen zuviel Feindschaft in der Bevölkerung eingebracht.

Teil 2:
Reisen in Burma

Einreisebestimmungen

Die Landverbindungen nach Burma sind für Touristen gesperrt, bleibt also die Einreise mit dem Flugzeug.
Visa für Touristen werden nur für sieben Tage erteilt. Man kann jedoch anschließend wieder mit einem neuen Visum, wie es sich innerhalb kurzer Zeit beispielsweise in Bangkok besorgen läßt, erneut einreisen. Die burmanischen Grenzbehörden machen nach meinen Erfahrungen keine Schwierigkeiten, im Gegenteil, im Gespräch mit einheimischen Beamten wurde ich immer wieder auf diese Möglichkeit hingewiesen. Zeitweise werden allerdings seit kurzem Visa für zwei Wochen ausgegeben.
Ein Visum kostet 25 Mark Gebühr. Es kann für Reisende aus der Bundesrepublik Deutschland beantragt werden bei:

Botschaft der Sozialistischen Republik der
Birmanischen Union
Schumannstraße 112
5300 Bonn 1

Für Reisende aus der Schweiz:

Botschaft der Sozialistischen Republik der
Birmanischen Union
3 Giacomettistraße
CH-3006 Bern

In Österreich ist Burma nicht mit einer Botschaft vertreten.
Für Reisende, die ihr Visum erst in Bangkok beantragen oder dort ein zweites Visum für Wiedereinreise einholen wollen:

Botschaft der Sozialistischen Republik der
Birmanischen Union
132 North Sathorn Road
Bangkok

Am besten schreibt man die entsprechende Botschaft an und beantragt die Einreiseformulare. Es sind ein Arrival-Report, und zwei Antragsformulare, die man ausgefüllt zurückschicken muß. Drei Paßbilder, ein Scheck mit der Visumgebühr (andere Zahlungsformen werden nicht akzeptiert), der Paß und ein Freiumschlag mit dem Rückporto für Einschreibesendungen sind beizufügen. (Das sind aber noch nicht alle Formulare, auf dem Flughafen in Rangun muß man weitere ausfüllen).
Und noch eine Anschrift, falls man Hilfe in Burma braucht:

Botschaft der Bundesrepublik Deutschland
32 Natmauk Street
Rangoon

Reisen im Land

Alle Flugtickets für Inlandflüge, alle Bus- und Bahntickets besorgt die staatliche Reiseorganisation Tourist Burma, die Zentrale liegt unmittelbar neben der Sule-Pagode in Rangun. Dort kann man sich auch die Anschriften der regionalen Büros geben lassen. Busse in Burma sind meist unbequem, langsam und überfüllt. Eine Busfahrt lohnt sich nur, wenn es keine andere Alternative gibt. Sonst ist es besser, auf die Bahn auszuweichen. Schiffsreisen sind zwischen Mandalay und Pagan sowie in der umgekehrten Richtung möglich. Es kann jedoch passieren, daß die Schiffe während des Niedrigwassers in der Trockenzeit nur in sehr unregelmäßigen Abständen oder gar nicht verkehren. Wegen des kurzen Aufenthaltes im Land und der großen Entfernungen lohnt es sich, Inlandflüge zu nehmen. Flüge für Einzelstrecken sind oft ausgebucht, aber trotzdem kann man, wenn man nachfragt, hin und wieder noch ein Rundflugticket erhalten. Man hat dann zwar nicht die Möglichkeit, unterwegs seine Reisepläne zu ändern, weil diese

Tickets nicht umgebucht werden, aber man ist andererseits sicher, mit dem Flugzeug weiterzukommen. Für Reisende, die Burma das erste Mal besuchen, also unbedingt zu empfehlen.
Die Mitarbeiterinnen und Mitarbeiter von Tourist-Burma sind allgemein sehr freundlich und hilfsbereit. Nach meinen Erfahrungen kann man sich auf ihre Zusagen sehr verlassen. Werden Sie nicht ungeduldig, wenn vermeintlich etwas nicht klappt. Machen Sie Alternativpläne, für den Fall, daß irgendein Ort nicht zu erreichen ist. Werden Sie nicht wütend, das bringt Sie nicht so weit, wie ein freundliches Lächeln und die Frage, was man statt dessen tun könne. Man wird bei Tourist Burma stets bemüht sein, Ihnen zu helfen. Besonders dann, wenn Sie sich im Gespräch als Kenner des Landes zeigen.

Hotels

Die Hotels in Burma sind, von wenigen Ausnahmen abgesehen, sehr einfach. Burma hat eben andere Sorgen, als das über den Tourismus eingenommene Geld wieder in den Ausbau von Tourismus-Einrichtungen zu stecken.
Wenn die nach Landesstandard guten Hotels von Reisegesellschaften ausgebucht sind, muß man auch schon einmal mit einer Übernachtung in einem Guesthouse vorliebnehmen.

Essen

Restaurants gibt es im ganzen Land, auch in kleinsten Ortschaften. Curries spielen bei den typisch burmanischen Mahlzeiten eine große Rolle. Unterschiedliche Curries werden in kleinen Schalen zusammen mit einer Schüssel Reis und meist einer Suppe serviert. Es gibt keine vorgeschriebene Reihenfolge, nach der die einzelnen Gerichte einzunehmen sind.
Die meist scharfen burmanischen Curries sollte man auf jeden Fall einmal probiert haben. Sie sind allerdings nicht jedermanns Geschmack, und ich bevorzuge in Burma die chinesische und indische Küche. In allen Restaurants gibt es grünen Tee, der nach meinen Erfahrungen bedenkenlos getrunken werden kann. Außerdem werden überall in Flaschen abgefüllte Getränke angeboten, vom Sodawasser bis hin zum in Burma sehr beliebten Pflaumensaft. Auf Märkten kann man auch frisch gepreßten Zuckerrohrsaft erhalten. Man sollte aber darauf verzichten, sich Eis in das Getränk geben zu lassen. Empfehlenswert ist auch das in Burma gebraute Mandalay Bier.

Verständigung

In den für Touristen zugänglichen Orten wird durchweg fließend Englisch gesprochen. Burmanisch klingt für unsere Ohren sehr fremd und ist meines Erachtens für europäische Zungen auch schwer korrekt auszusprechen. Trotzdem ist es sinnvoll, sich einige Redewendungen einzuprägen, da man leichter Kontakt mit den Einheimischen bekommt, wenn sie merken, daß man zumindest burmanische Grußformeln kennt. Einige wichtige Vokabeln und Redewendungen habe ich hier aufgeführt:

Begrüßung	min ga la baa
Abschied	pyan dor mai
Danke	cei cu tin ba de
Entschuldigung	kwin pyu baa
Verstehen sie burmesisch?	bamah lou dat the la?
Ja (männlich)	kamyah
Ja (weiblich)	shin
Nein	ma hok bo
Ich verstehe Sie nicht	chun note nar ma lai bo
ich	chun note
du	kyin byar
Was kostet das?	beh laut lay
Das ist gut	kaun day
Das ist zuviel	myar day
Wo ist...?	...beh hmah lay?

Bahnhof	mee yatah yown
Hotel	ho tay
Post	sah daik
Bank	ban daik
Krankenhaus	say yown
Polilzeistation	yeh sa khan
Restaurant	sar thow syne
Schweine-Curry	wet that hin
Hühner-Curry	chet that hin
Rindfleisch-Curry	amay that hin
heiße Suppe	hin joe
Shrimp-Curry	bazoon hin
Reis	htamin
gebratene Nudeln	kauksw kyw
eingelegter Fisch	nga tha lauk paung
in Blättern gedämpfter Fisch	ngy baung doke
Grüner Tee	lapay yay john
Bier	beeyah
Pflaumensaft mit Soda	zee pyaw yay
Zitronensaft	than ba yar yea

Für Touristen zugängliche Orte in Burma

Rangun

Sehenswert im Stadtgebiet: Schwedagon Pagode, Sule Pagode, Botataung Pagode, Bogyoke Market, Weltfriedenspagode, Hafen, Strand Hotel, Royal Lake, Inya Lake Hotel.
Ausflugsmöglichkeiten: Syriam, Twante, Pegu

Mandalay

Sehenswert im Stadtgebiet: Mauern des königlichen Palastes, Mandalay Hill, Kuthodaw Pagode, Arakan Pagode, Shwe Nandaw Kyaung Pagode, Zegyomarkt.
Ausflugsmöglichkeiten:
Mingun, Maymyo, Ava, Sagaing, Amarapura

Pagan

Sehenswert im Stadtgebiet: Das Pagodenfeld der ehemaligen Hauptstadt, besonders Ananda-Tempel, Schwezigon Pagode, Sarabha Tor, Dhammayangyi Tempel, Gawdapalin Tempel.
Ausflugsmögichkeiten: Berg Popa

Taunggyhi

Sehenswert in der Region: Der Inle See, Markt in Taunggyhi

Arakan

Sehenswert: Badeort Sandoway, Regionalhauptstadt Akayb

Schwarzmarkt

Die Duty-Free-Ration aus dem Flugzeug, eine Flasche Whisky und eine Stange Zigaretten, wollen meist schon die Taxifahrer auf dem Weg vom Flughafen abkaufen. Es lohnt sich, mit ihnen möglichst lange zu handeln. Je näher man seinem Fahrtziel kommt, desto höher ist der Preis, den der Fahrer zu zahlen bereit ist.
Nicht deklariertes Geld kann man schwarz etwa zum dreifachen des Normalkurses umtauschen. Zwar habe ich nie gehört, daß jemand betrogen oder von der Polizei erwischt worden ist, aber man sollte trotzdem vorsichtig sein. Auch wenn der Schwarzmarkt in Burma mit mehr oder weniger Wissen der Regierung abläuft, so werden doch hin und wieder Leute festgenommen und die Schwarzmarktware beschlagnahmt. So sichert sich der Staat die Steuern, die er sonst bei legalem Handel hätte.

Fotografieren

Die Burmanen sind keineswegs fotoscheu. Im Gegenteil: Manchmal drängen sie sich geradezu danach, fotografiert zu werden, was aber auch lästig sein kann, weil sich dann alle in Pose stellen und die Aufnahmen so gestellt aussehen.
Das sollte aber in keinem Fall dazu führen, daß man alle Menschen mit der Kamera geradezu abschießt. Wenn es jemanden offensichtlich unangenehm ist, fotografiert zu werden, sollte man es auch sein lassen. Wenn man ein wenig mit den Menschen gesprochen hat, ist es oft leichter, nun auch noch ein Foto von ihnen machen zu dürfen.
Ich habe die Fotos für dieses Buch mit Olympus-Kameras und Olympus-Objektiven aufgenommen. Für das System habe ich mich entschieden, weil die Kameras und Objektive leicht, handlich und leistungsfähig sind. Größe und Gewicht der Fotoausrüstung können bei langen Fußmärschen in tropischen Gebieten wichtig sein.
Ich verwende Objektive von 21 mm bis 400 mm. Für unverhofft auftretende Situationen habe ich immer ein Kameragehäuse mit einem Zoom von 35 bis 105 mm zur Hand. Als Kameragehäuse eignet sich in solchen Fällen besonders die OM 2 Spot mit der Programm-Automatik. Für schwierige Lichtverhältnisse benutze ich die OM 4 mit der Möglichkeit, mehrere Spot-Messungen vornehmen zu können.
Eine Kamera habe ich immer mit einem hochempfindlichen Film geladen, um auch bei schlechten Lichtverhältnissen fotografieren zu können.

Gesundheitsvorsorge

Schutz gegen Malaria ist anzuraten. Da die Erreger gegen einige Medikamente schon resistent sind, sollte man unbedingt beim Gesundheitsamt oder einer staatlichen Impfstelle nachfragen, welches Medikament zur Zeit anzuraten ist.
Außerdem sollte man Medikamente gegen Darmverstimmung mitnehmen.

Es gibt Scheine im Wert von 15 und 45 Kyat.

Geld

Die Währung heißt Kyat (ausgesprochen tschatt), ein Kyat wird in 100 Pyas unterteilt. Als Besonderheit gibt es 15 Kyat- und 45 Kyat-Scheine.

Kreditkarten

In den großen Hotels, bei Tourist Burma und im Diplomatic Store werden Kreditkarten von American Express problemlos akzeptiert.

Geschäftszeiten

Staatliche Stellen, wie die Post, aber auch Tourist Burma haben montags bis freitags von 9.30 Uhr bis 16.00 und samstags von 9.00 Uhr bis 12.00 Uhr geöffnet. Banken haben von Montag bis Freitag von 10.00 bis 14.00 Uhr und samstags von 10.00 Uhr bis 12.00 Uhr geöffnet.

Post

Die Hauptpost von Rangun liegt an der Strand Road.

Gebühren für Postkarten: 85 Pyas innerhalb Asiens, 1,30 Kyat nach Europa, 1,60 Kyat nach Nordamerika.
Gebühren für Briefe: 1,25 Kyat innerhallb Asiens, 2,15 Kyat nach Europa, 2,70 Kyat nach Nordamerika.
Aerogramme: weltweit 1,25 Kyat.

Trinkgeld

Mit Ausnahme von einigen Hotels in Rangun, Mandalay und Pagan ist es in Burma nicht üblich, Trinkgelder zu geben.

Antiquitäten

Die Ausfuhr von Kunstgegenständen, die älter als 70 Jahre sind, ist verboten. Es lohnt sich nicht zu versuchen, solche Gegenstände außer Landes zu schmuggeln zu wollen. Die Kontrollen bei der Ausreise auf dem Flughafen von Rangun sind sehr genau.

Literatur zum Thema Burma

»Birma, Kambodscha, Laos«
Schriften des Institutes für Asienkunde

Bitsch, Jörgen
»Warum lächelt Buddha?«

Bender, Friedrich
»Geology of Burma«
Beiträge zur regionalen Geologie der Erde

Blume, Brigitte
»Birma Burma«
Globetrotter schreiben für Globetrotter

Burma
»Apa Guides«

Burma
Landkarte 1:1500000

»China, Burma, Indien«
Time Life II. Weltkrieg

Diezemann, Eckart
»Birma«
Goldstadt Reiseführer

Dittmar, Johanna
»Thailand und Burma«
Kunstreiseführer

Dreyer, Burkhardt
»Fernost – von Burma bis Japan«

Fleischmann, Klaus
»Arakan – Konfliktregion zwischen Birma und Bangladesh«

Fleischmann, Klaus
»Die neue Verfassung der Union von Birma«

Griswoldt
»Burma, Korea, Tibet«

Hale, Austin
»Research on Tibeto-Burman Languages«

»Hinterindien«
Kunstgeschichte

Hough, Richard
»Mountbatten«
Ein außergewöhnliches Leben

Kneifel, John
»Reisehandbuch Ferner Osten«

»Kunst des Buddhismus«

Lemay, R.
»Südostasien«

Loose, Stefan/Ram, Renate
»Thailand, Burma«
Traveller Handbuch

»Märchen der Völker Burmas«

Orwell, George
»Tage in Burma«

Pulley, William S.
»Als Mönch in Burma«

Rauchwetter, Gerhard
»Traumziele von Burma bis Bali«

Reisch, Max
»Im Auto um die Erde«
Pionierfahrt durch Burma, Thailand, Laos, Vietnam und China

Rosiny, Tonny
»Burma«

Rumpf, Dieter
»Thailand, Burma«

Sitte, Fritz
»Rebellenstaat im Burmadschungel«

Smythies, B.E.
»Birds of Burma«

Storz, Hans-U.
»Birma«
Land-Geschichte-Wirtschaft

Strupp, Michael
»Chinas Grenzen mit Birma und der Sowjetunion«
»Südostasien«
Reihe Weltatlas

Uhlig, Helmut
»Auf den Spuren Buddhas«

Wenk, Klaus
»Murals in Burma«

Wheeler, Tony
»Burma«

Yegar, Moshe
»The Muslims of Burma«

Burmanische Landeskunde

Burma hat eine Gesamtfläche von 676552 Quadratkkilometern, es ist also fast dreimal so groß wie die Bundesrepublik Deutschland.

Bei der Volkszählung 1983 wurden 35,31 Millionen Einwohner gezählt, das ergibt eine Bevölkerungsdichte von 55 Einwohnern je Quadratkilometer.

Die Geburtenziffer je 1000 Einwohner betrug 1984, 28.
Burma hat seit 1974 die Staatsform einer Sozialistischen Republik, Staatsoberhaupt und zugleich Vorsitzender des Staatsrates ist Staatspräsident U San Yu. Regierungschef ist U Maung Maung Kha. Parteipräsident der Einheitspartei BSPP, und damit der starke Mann im Land war bis Juli 1988 General U Ne Win, der bis 1981 auch Staatspräsident war, dann aber auf diesen Posten verzichtet hate.

Burma geht, wie im Lande immer wieder betont wird, einen eigenen Weg zum Sozialismus. Zu diesem eigenen Weg gehört unter anderem, daß die buddhistische Religion im Lande immer noch einen großen Einfluß hat. Und daß selbst einflußreiche sozialistische Politiker Burmas sich für einige Zeit zur Selbstbesinnung in ein buddhistisches Kloster zurückziehen.

Geographie und Klima

Gegen seine Nachbarländer, Thailand, Laos, China, Indien und Bangladesh ist Burma durch hohe Gebirge abgeschlossen. Nur zum Meer hin ist das Land offen.

Burma teilt sich in drei natürliche Regionen:

1. Das Stromgebiet des 1600 Kilometer langen Irrawaddi;
2. Das feuchte, mit Urwald bedeckte, bis 3000 Meter hohe Arakan-Gebirge, das zu den Ausläufern des Himalaya gehört;
3. Die Hochgebirgsketten östlich des Irrawaddi.

Klimatisch gehört Burma zum tropischen Monsungebiet Asiens, wegen der Einflüsse der hohen Berge kann das Klima aber in den einzelnen Landesteilen sehr unterschiedlich sein.

Als Jahreszeiten unterschieden sich eine Regenzeit von Juni bis Oktober, an die sich bis Ende Februar eine kühle Trockenperiode einschließt und somit auch die günstigste Reisezeit ist. Von Mitte März bis Ende Mai ist eine trockene, heiße Periode.

Wirtschaft

Als eines der wenigen Entwicklungsländer der Welt kann Burma in den letzten Jahren eine wirtschaftliche Expansion verzeichnen. Das Brutto-Inlandprodukt ist Mitte der achtziger Jahre um rund acht Prozent gestiegen. Wobei allerdings zu berücksichtigen ist, daß das Pro-Kopf-Einkommen mit 545 Kyat sehr niedrig liegt. Reis und Teakholz sind die wichtigsten Exportartikel Burmas. Daß das Land heute nicht mehr größter Reisexporteur der Welt ist, liegt an der gestiegenen eigenen Bevölkerungszahl und damit an dem größeren eigenen Nahrungsmittelbedarf im Lande.

Militär

Die Streitkräfte haben in Burma zusammen mit der regierenden Einheitspartei eine staatstragende Rolle. Das zeigt sich auch an der Beteiligung vieler Militärs im Staatsrat und Kabinett. Auch in Schlüsselpositionen der Wirtschaft sitzen viele ehemalige Militärs.

Die Streitkräfte sind 179000 Mann stark, sie setzen sich aus Wehrpflichtigen, Zeit- und Berufssoldaten zusammen.

Das Heer stellt mit 163000 Mann das größte Kontingent, die Luftwaffe hat 9000 Mann, sie ist mit 16 Kampfflugzeugen sowie 16 Hubschraubern speziell zur Guerillabekämpfung ausgestattet. Die Marine hat eine Stärke von 7000 Mann, 1 Fregatte, 4 Korvetten und 36 Kanonenboote sowie 41 Fluß-Wachboote.

Bei Begegnungen mit burmanischen Soldaten sowie bei Paraden machten die Truppen auf mich einen gut ausgebildeten Eindruck. Von burmanischer Seite hörte ich dazu, es liege daran, daß die Truppen ständig im Kampfeinsatz gegen die Rebellen und deshalb gut trainiert seien.

Bildungswesen

Es gibt in Burma eine allgemeine Schulpflicht. Die Grundschulen müssen vom 5. bis zum 9. Lebensjahr besucht werden. Der Unterricht an diesen Schulen, ebenso auf den weiterführenden Mittelschulen (vom 10. bis zum 13. Lebensjahr), auf den technischen und beruflichen qualifizierenden Schulen ist frei. An den Oberschulen (14.-19. Lebensjahr), den Colleges und Universitäten werden Gebühren erhoben.

Buddhistische Bildungseinrichtungen haben im Land eine lange Tradition, doch gibt es trotzdem noch immer eine Analphabetenquote von 34 Prozent.

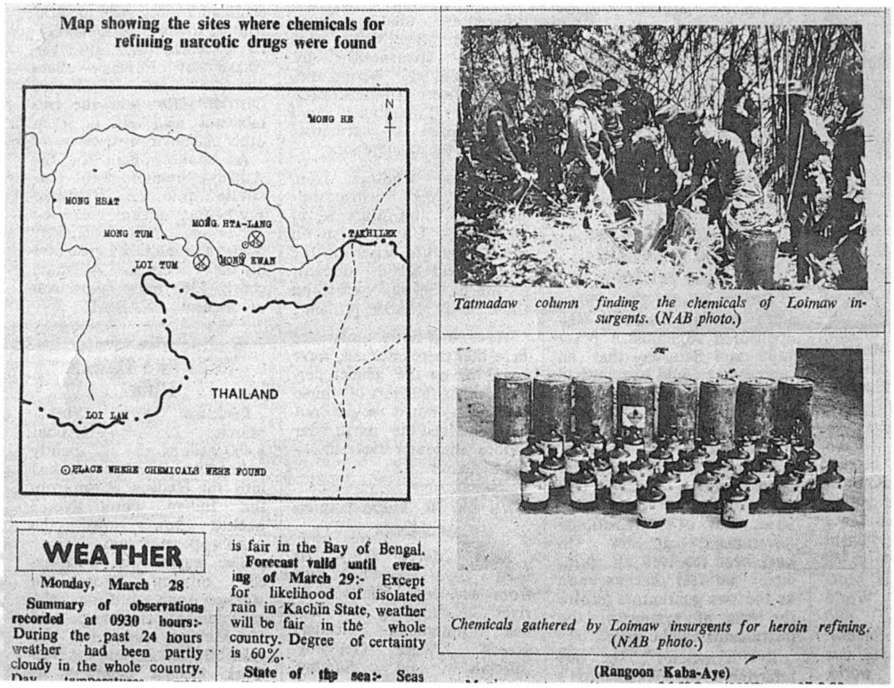

Map showing the sites where chemicals for refining narcotic drugs were found

Tatmadaw column finding the chemicals of Loimaw insurgents. (NAB photo.)

Chemicals gathered by Loimaw insurgents for heroin refining. (NAB photo.)

WEATHER

Monday, March 28

Summary of observations recorded at 0930 hours:- During the past 24 hours weather had been partly cloudy in the whole country. Day temperatures ...

is fair in the Bay of Bengal.

Forecast valid until evening of March 29:- Except for likelihood of isolated rain in Kachin State, weather will be fair in the whole country. Degree of certainty is 60%.

State of the sea:- Seas ...

(Rangoon Kaba-Aye)

Bericht über eine Militäraktion gegen Aufständische, die Drogen produziert haben.

Das Militär spielt im Lande eine starke Rolle.

Gesundheitswesen

In der medizinischen Versorgung zwischen Stadt und Land klafft eine breite Lücke. Deshalb fördert die Regierung nicht nur das staatliche Gesundheitswesen, sondern auch die traditionelle einheimische medizinische Versorgung mit Heilkundigen, die Arzneien aus Kräutern und Pflanzen des Landes herstellen können. Für den Bau von Krankenhäusern und Gesundheitszentren wurden in den vergangenen Jahren besondere Anstrengungen unternommen. So hat sich die Zahl dieser Einrichtungen zwischen Mitte der siebziger und Mitte der achtziger Jahre um mehr als 45 Prozent erhöht. Die Versorgung der Bevölkerung mit Ärzten hat sich im gleichen Zeitraum mehr als verdoppelt, allerdings verteilen sich die Ärzte noch weitgehend auf die Stadtgebiete. Das gilt besonders für die privat tätigen Ärzte. Zahnärzte gibt es in Burma übrigens nur wenige. Gesundheitsprobleme sind Malaria, Tuberkulosekrankheiten, Typhus sowie Darm- und Wurmerkrankungen.

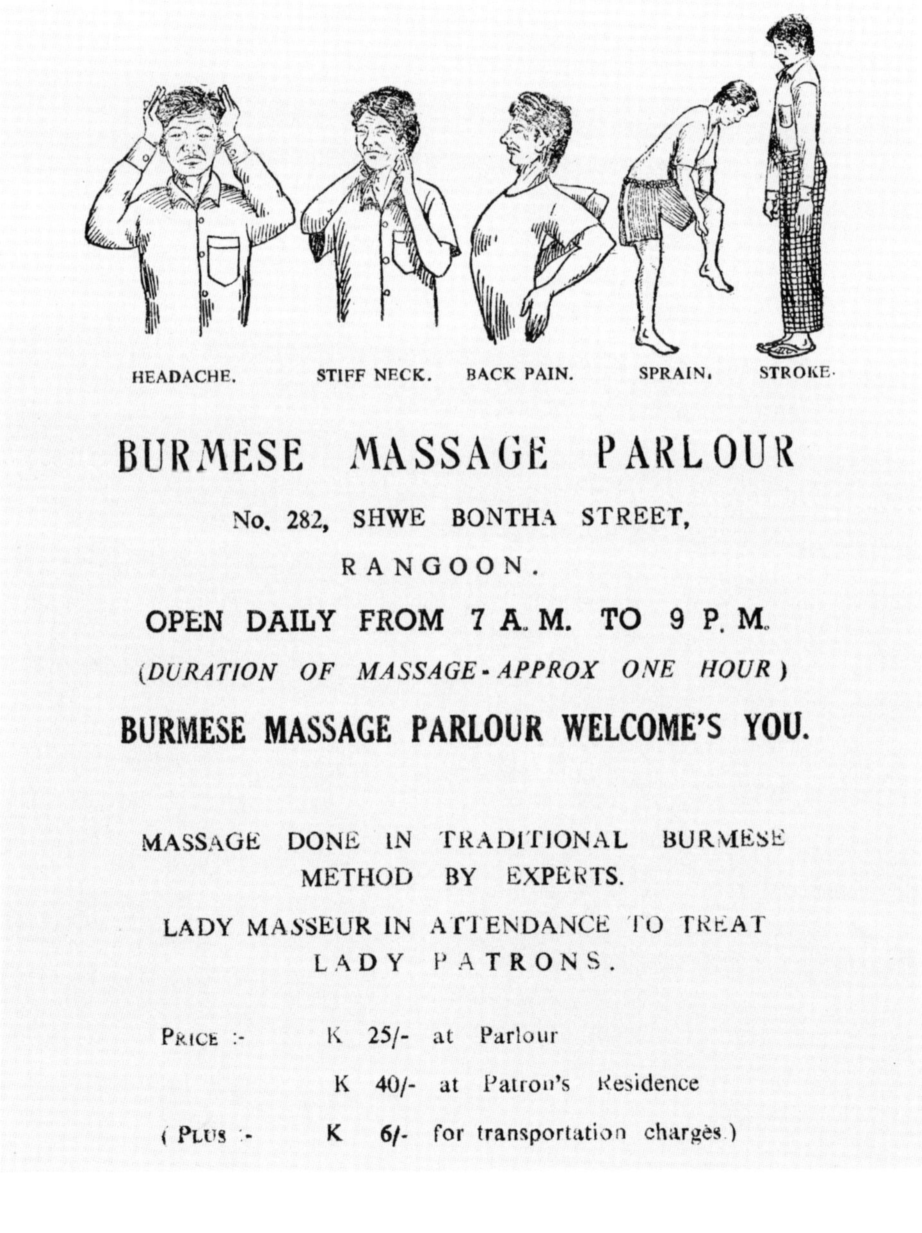

Traditionelle burmanische Heil- und Massagemethoden sind heute im Land wieder sehr gefragt und werden vom Staat gefördert.

Einige Zeitungen und Zeitschriften erscheinen auch in englischer Sprache.

Massenmedien

Wichtigster Erscheinungsort für burmanische Zeitungen ist Rangun. Das offizielle Regierungsorgan heißt Loketha Pithu Nayzin, es wird in burmanisch und englisch herausgegeben, die Auflage beträgt 101500 Exemplare. Als rein englischsprachige Zeitschriften gibt es Working People's Daily mit einer Auflage von 22000 Exemplaren und The Guardian mit 14000 Exemplaren. Die Gesamtauflage der Tageszeitungen beträgt rund 820000 Exemplare. Daneben erscheinen rund 10 Wochen-, Monats- und Vierteljahreszeitschriften. Darunter sind auch Comic-Hefte, die unter anderen von der Armee herausgegeben werden, sowie eine englischsprachige Jugendzeitschrift des Guardian.

Der staatliche Rundfunk sendet außer in burmanisch und sechs Minderheitensprachen auch in Englisch. Die Programme und Sendezeiten der englischen Programme kann man den Tageszeitungen entnehmen.

Seit 1980 gibt es auch zwei Stunden am Tag ein mit japanischer Hilfe aufgebautes Fernsehprogramm.

Die einheimische Nachrichtenagentur ist die 1963 gegründete »News Agency of Burma« (NAB).

Die Pressefreiheit in Burma ist durch Verfassungsbestimmungen zum Schutz des sozialistischen Systems eingeschränkt worden.

Das Volk der Akha gehört zu einer der vielen Minderheiten im Lande.

Burma und seine Minderheiten

Etwa ein Drittel der Bewohner Burmas sind keine Burmanen, sondern sie gehören Völkern der Minderheiten an.

Die Inder

Die größte Gruppe unter den Minderheiten stellen die Inder, die hauptsächlich während der englischen Kolonialzeit eingewandert sind. Ihre Zahl betrug einmal 700000, doch nach Verfolgungen während der 60er Jahre wanderten die meisten wieder zurück nach Indien. Heute leben noch rund 200000 Inder in Burma.

Die Mon

Die Mon herrschten einst über ganz Burma. Nach dem Sieg der Burmanen in der Mitte des 18. Jahrhunderts wurden sie jedoch größtenteils ausgerottet.

Die Kachin und Chin

Die Kachin sind als kriegerischer Stamm im 8. Jahrhundert von Tibet aus eingewandert.
Die Chin sind tibeto-burmanischer Herkunft und leben im Westen Burmas.

Die Shan

Einen eigenen Bundesstaat, den Shan State, haben die Shan im Osten des Landes. Zu ihnen zählen 2,5 Millionen Menschen. Die Siedlungen der Shan liegen meist 1000 Meter über dem Meeresspiegel, in diesem günstigen Klima sind sie deshalb auch die erfolgreichsten Gemüsebauern. Die Shan hatten früher ein Reich, das auch Teile des heutigen Thailand mit einschloß.

Akha

Als Nomaden aus China kamen die Akha ins Land,

die in den Bergwäldern ihre Felder mit Hilfe der Brandrodung bebauen. Da sie in Thailand dem Druck der ansässigen Bauern ausgesetzt sind, wichen viele von ihnen in die Berge Burmas aus.

Die Intha

Rund um den Inle-See siedeln etwa 70000 Intha. Sie lebten ursprünglich in Tenasserim, zogen sich aber in das Gebiet um den Inle-See zurück, um nicht in dauernden Konflikten zwischen Thais und Burmanen aufgerieben zu werden.

Die Karen

Die Karen im Südosten Burmas machen der Zentralregierung in Rangun am meisten zu schaffen. Sie haben einen regelrechten Rebellen-Staat im Südosten Burmas geschaffen.

Sie unterhalten eine straff organisierte Armee und kämpfen seit rund 40 Jahren einen erbitterten Dschungelkrieg gegen die burmanische Armee. Ihr Ziel ist es, einen eigenen, von Burma unabhängigen Staat zu gründen. Die Karen versorgen sich illegal über die thailändische Grenze. Ein Großteil der Waren auf dem illegalen burmanischen Markt wurde auf diesem Weg über die Grenzen gebracht.

Die Padaung

Bei dieser Volksgruppe fallen die Frauen auf, die schwere Kupfer- und Messingringe um Arme, Beine und Hals tragen. Damit werden Schlüsselbeine und Rippen so nach unten gedrückt, daß der Hals aussieht, als wäre er 25 Zentimeter lang. Da sich so keine Nackenmuskeln entwickeln können, sind nach einiger Zeit die Ringe notwendig, um überhaupt den Kopf oben halten zu können. Als Strafe bei Ehebruch wurden die Ringe früher abgenommen, was zur Folge hatte, daß der Kopf wegsackte und die Frau erstickte. Ethnologen nehmen an, daß der Brauch der Ringe aus einer Zeit stammt, in der das Volk Sklavenjagden ausgesetzt war. Frauen mit derartigen körperlichen Verformungen aber waren für die Sklavenjäger keine Beute. Eine andere Theorie meint, die Ringe sollten vor Tigerbissen schützen.

Deutsch-burmanische Beziehungen

Die Beziehungen zwischen der Bundesrepublik Deutschland und Burma werden im Diplomatendeutsch als »freundschaftlich-gut« bezeichnet. Und das ist mehr als eine Floskel, denn selbst bei Gesprächen mit einfachen Burmanen stellte ich immer wieder fest, daß der Name Deutschland in Burma einen guten Klang hat.

Auf den Wirtschaftssektoren Industrie, Bergbau, Berufsausbildung und Verkehrswesen arbeitet die Bundesrepublik Deutschland in der Entwicklungshilfe mit Burma zusammen. Nach offizieller politischer Einschätzung in Bonn hat sich die Zusammenarbeit bewährt und soll fortgesetzt werden.

Die bisherigen bundesdeutschen Zusagen für Burma beliefen sich bis Ende 1986 auf insgesamt 1,1 Milliarden Mark. Hinzu kommen weitere Mittel, wie etwa Stipendien, von über 11 Millionen Mark. Damit nimmt die Bundesrepublik Deutschland dem Volumen nach die zweite Stelle hinter Japan als bilateraler Geber ein.

Deutsche Entwicklungsexperten bedauern allerdings, daß schleppende bürokratische Abwicklung in der Zusammenarbeit manchmal hinderlich ist. Außerdem haben die Burmanen eine Abneigung gegen ausländische Experten. Deshalb sind private deutsche Firmen nicht in nennenswertem Umfang in Burma tätig.

Beispiele für die Beteiligung deutscher Experten sind der Ausbau des Eisenbahnsystems und der Bau einer Flaschenfabrik in Syriam.

Burmanische Geschichte

Prähistorische Funde im Tal des Irrawaddi weisen auf eine Besiedelung in der Altsteinzeit, also 120000 bis 130000 v. Chr. hin. Man nimmt an, daß die Ureinwohner Malaien gewesen sind.
Die zu den Mongolen zählenden Pyu, die aus den Steppen Zentralasiens nach Süden gezogen waren, haben im 5. Jahrhundert das erste größere Staatengebilde erichtet. Die Hauptstadt war Sri Ksetra bei Prome. Dort sind heute noch einige, wenig erforschte Ruinen zu sehen.

Zur gleicher Zeit siedelten im Süden des heutigen Burma schon die Mon, die im 9. Jahrhundert einen Staat mit der Hauptstadt Pegu gründeten.

Kurz darauf drangen von Norden, wahrscheinlich aus Westchina und Tibet kommend, die Burmanen in die Gebiete der Pyu und Mon ein. Sie gründeten die Hauptstadt Pagan.

1057 eroberte Pagans König Anawratha Thaton, das Zentrum der Mon. Der Mon-König, die buddhistischen Mönche, die Gelehrten und Künstler wurden an den Hof von Pagan gebracht. Sie beeinflußten mit dem Mon-Stil die Kultur Pagans und sorgten dafür, daß der Hinayana-Buddhismus eingeführt wurde. Die Völker der Mon, Pyu und Burmanen verschmolzen miteinander.

In einem Anfall von Größenwahn ließ es der Herrscher Narathiahapate (1216–1295) zu einem Streit mit Kublai Khan kommen. 1277 wurden die Burmanen von den Truppen des chinesischen Herrschers vernichtend geschlagen. Der Sohn des geschlagenen Königs wurde zum Statthalter eingesetzt. Pagan blieb zwar die Hauptstadt, es hatte aber das Gebiet seines Reiches verloren.

Die Shan im Nordosten des Landes zerstörten 1299 Pagan und machten 1315 Sagaing (in der Nähe des heutigen Mandalay) zu ihrer Hauptstadt. Diese Periode nennt man heute die Shan-Zeit. 1364 wurden die beiden Shan-Fürstentümmer Pinya und Sagaing zum Königreich Ava (ebenfalls in der Nähe von Mandalay) zusammengelegt.

Das Königreich Ava verfeindete sich jedoch mit dem Reich der Mon in Pegu. Diese lang anhaltende Fehde wurde im 15. Jahrhundert mit einem Sieg der Mon beendet. Unter den Mon erreichte das Land ähnlich wie zur Periode von Pagan eine neue Blütezeit.

Weiter im Norden war das Fürstentum Taungu in der Zwischenzeit so zu Macht und Einfluß gekommen, daß es sich 1347 zum Königreich erhob. 1535 brachte dieses Reich zuerst Pegu, dann auch Ava und Pagan unter seine Herrschaft. Zum erstenmal in der Geschichte waren Ober- und Unterburma zu einem einzigen Staat geworden.

Doch das hatte keinen langen Bestand: Der trunksüchtige König Tabinshwehti wurde 1550 von aufständischen Mon ermordet, und sein Reich zerfiel. Zwar konnte sein Nachfolger Bayinnaung das Reich wieder vereinen und mit militärischen Mitteln auch noch Prome, Manipur, die Shan-Staaten und Chiang Mai eingliedern. Er griff Siam an und konnte die Hauptstadt Ayuthia erobern. Damit hatte Burma die größte Ausdehnung seiner Geschichte erreicht. Doch dafür hatte der König soviele Bauern von den Feldern abgezogen und in seine Armee eingegliedert, daß 1567 eine große Hungersnot die Folge war.

Die unterworfenen Völker blieben jedoch nicht ruhig, sondern erhoben sich mehrfach gegen die Unterdrücker, auch Siam schlug die Burmanen 1593 siegreich. Es waren unruhige Zeiten in Burma. 1740 wurde die Hauptstadt Ava von aufsässigen Mon überfallen und dem Erdboden gleichgemacht. 1752 erlosch die Taungu-Dynastie.

Einer der größten Nationalhelden der burmanischen Geschichte wurde König Alaungpaya, der Begründer der Konbaung-Dynastie. Er war der burmanische Anführer einer Widerstandsbewegung gegen die Mon. In glorreichen Blitzkriegen nahm er 1754 und 1755 ganz Mittelburma ein und schlug die Mon in einer vernichtenden Schlacht. Wegen der einsetzenden Regenzeit mußte er seinen Siegeszug in Dagon abbrechen, daß er deswegen Rangun, das »Ende vom Streit« nannte.

Während seiner Feldzüge war Alaungpaya von den Engländern mit Waffen versorgt worden: Die imperialistischen Mächte Europas begannen in Asien Fuß zu fassen. Zu einem ersten Krieg zwischen Burmanen und Engländern kam es 1824 nach Streitigkeiten an der bengalischen Grenze, wo die Engländer bereits als Kolonialherren saßen. Burma war für sie ein interessantes Handelsland, auch konnte es als Durchgangsland im Handel Britisch-Indiens mit China in Betracht kommen.

Nach einer Niederlage von 1826 mußte Burma Arakan und Tenasserim an die Engländer abtreten.

Nach dem zweiten anglo-burmanischen Krieg von 1852 besetzten die Briten auch die Provinz Pegu. Ein erster englischer Gouverneur, Arthur Phayre, wurde eingesetzt.

Weil das verbliebene selbstständige Burma einen Teakholznutzungsvertrag den Franzosen übertragen wollte, kam es 1885 zum dritten anglo-burmanischen Krieg. Die Hauptstadt Mandalay fiel innerhalb von zwei Wochen. Burmas letzter König, Thibaw, mußte abdanken und ins Exil nach Indien.

Burma war jetzt fest in britischer Hand und wurde zu einer Provinz von Britisch-Indien. Ein Zustand, der das Selbstbewußtsein der Burmanen sehr tief traf. Außerdem wurde das Leben, das bisher von der buddhistischen Tradition geprägt worden war, nun von neuen, den Burmanen fremden Gesetzen geregelt.

1919 schickte die im Jahre 1906 gegründete Young Men's Buddhist Association eine Delegation nach England, um gegen die Abhängigkeit Burmas zu protestieren. Besonders deshalb, weil der im selben Jahr in London proklamierte »India Act«, der eine gewisse Demokratisierung Indiens erlaubt hatte, Burma nicht mit einbezog.

Ein Studentenstreik ein Jahr später zwang der britischen Regierung erste Zugeständnisse ab, und war zugleich der Auslöser für eine nationale Bewegung, die 1923 für Burma eine beschränkte Autonomie ertrotzte. 1935 wurde der Burma Act erlassen, der Burma von Indien abtrennte.

Der Eintritt Japans in den Zweiten Weltkrieg schwächte Englands Position in Asien, und die nationalen Kräfte in Burma riefen zum Widerstand auf, mit dem Schlagwort: »Englands Schwierigkeiten sind unsere Chance.«

In den Dschungelgebieten Südostasiens lieferten sich Japaner und Engländer mit ihren jeweiligen Alliierten einen erbarmungslosen Krieg. Die 27000 alliierten Soldaten, die auf dem Htaukkyan-Friedhof bei Rangun begraben sind, legen noch heute ein Zeugnis für diesen brutalen Dschungelkrieg ab. Allgemein wurde Südostasien im Zweiten Weltkrieg als »CBI«, als »China-, Burma-, Indien-Kriegschauplatz«, bezeichnet.

Eine Freiheitsbewegung mit dem Ersten Sekretär Aung San erhielt von den Japanern Unterstützung. An der Seite der Japaner marschierten die von Japan ausgebildeten burmanischen »30 Kameraden« in ihre Heimat ein. Die Japaner hielten jedoch ihre Zusage, Burma nach der Vertreibung der Engländer für unabhängig zu erklären nicht, sondern setzten eine japanische Militärregierung ein.

Gegen das herrschsüchtige Verhalten der Japaner entbrannte bald eine Welle des Hasses. Um sie einzudämmen, gab Japan Burma schließlich 1943 seine Unabhängigkeit. Dr. Ba Maw wurde Staatsoberhaupt, Aung San Kriegsminister.

Gegen Ende des Zweiten Weltkrieges wurden die Japaner von englischen Truppen auch aus Burma herausgedrängt. Am 3. Mai 1945 marschierten die Engländer wieder in Rangun ein. Die Hoffnung der Burmanen, ihre Unabhängigkeit würde bestätigt, erfüllte sich nicht. Die Engländer setzten wieder einen Militärgouverneur ein.

Aber unter dem Druck der Freiheitskräfte in Burma ließ London 1947 Wahlen zu. Noch im selben Jahr wurde Aung San am 19. Juni mit sechs seiner Mitarbeiter bei einem Attentat ermordet. U Nu trat an seine Stelle und konnte am 17. Oktober 1947 das Unabhängigkeitsabkommen unterzeich-

Aung San, einem der Kämpfer für die Freiheit Burmas, wurde in Rangun ein Denkmal gesetzt.

Auf dem Soldatenfriedhof von Htaukkyan erinnern die Gräber von 27000 Gefallenen an die schweren und verlustreichen Kämpfe während des II. Weltkrieges.

nen, das am 4. Januar 1948 in Kraft trat. Burma war wieder unabhängig und U Nu wurde der erste Kabinettschef der Union von Burma. Auf seinen Wunsch übernahm U Ne Win, ein Gefolgsmann Aung Sans, 1958 das Amt des Regierungschefs. U Ne Win hatte jedoch keinen Sinn für den buddhistisch-sanften und toleranten Führungsstil U Nus. In einem fast unblutigen nächtlichen Staatsstreich übernahm U Ne Win am 2. März 1962 die Macht und setzte anstelle des Parlamentes einen Revolutionsrat ein. Am 9. November 1981 trat U Ne Win zurück. Sein Nachfolger wurde San Yu. Im Juli 1988 trat U Ne Win auch als Parteichef zurück, nachdem die Unruhen wegen der schlechten Versorgungslage im Lande immer stärker geworden waren. In Burma wird jetzt der Ruf nach Liberalisierung der Wirtschaft und der Einführung eines Mehrparteiensystems laut.

Der Buddhismus in Burma

Die buddhistische Lehre entstand im sechsten Jahrhundert vor Beginn der christlichen Zeitrechnung im nordöstlichen Indien zwischen Nepal und dem Ganges. Buddha Siddharta Gautama ist kein Gott, sondern ein Mensch, der nachweislich gelebt hat. Er wurde als Prinz im Jahre 563 v. Chr. geboren. Sein Vater hielt ihn von allen häßlichen Realitäten des Lebens fern, denn ein Astrologe hatte prophezeit, der Prinz werde ein außergewöhnliches Schicksal haben. Siddharta heiratete schon früh und wurde Vater eines Sohnes. Während eines Ausrittes begegnete Siddharta einem Alten, einem Kranken, einem Toten und einem Asketen. Er erkannte die Vergänglichkeit des Daseins. So ließ er Reichtum, Lebensgenuß, Frau und Kind zurück, verließ nachts heimlich den Palast und machte sich auf die Suche nach den Wahrheiten des Lebens.

Sechs Jahre lang lebte er als Asket in der Einsamkeit, um das Heil zu suchen. Bei der Meditation unter einem Feigenbaum, dem Bodhi-Baum, der als Symbol noch heute in jeder Pagode steht, erlangte er die Erleuchtung und gewann Einsicht in das Wesen des Daseins und die Überwindung des Leides. Diese Erkenntnisse verkündete er in der Predigt von Benares mit den vier heiligen Wahrheiten:

1. Das menschliche Leben ist dem Leiden unterworfen
2. Die Ursache des Leides ist die Begierde nach persönlicher, selbstsüchtiger Lust
3. Das Leid wird aufhören, wenn diese Begierde überwunden ist
4. Dieses Ziel kann erreicht werden, wenn man den heiligen achtgliedrigen Pfad beschreitet

Die Hauptregeln dieses Pfades, der auch als der mittlere Weg bezeichnet wird, sind

* rechte Anschauung
* rechte Gesinnung
* rechte Rede
* rechtes Handeln
* rechter Lebenserwerb
* rechtes Bemühen
* rechtes Überdenken
* rechte Konzentration

Buddha sammelte rasch Anhänger um sich und gründete eine erste Mönchsgemeinde. Als er mit 80 Jahren starb, ging er direkt in das Nirwana ein.

Buddha hatte keine Nachfolger eingesetzt und von seinen verkündeten Weisheiten waren auch keine schriftlichen Aufzeichnungen hinterlassen worden. Die mündlich überlieferten Lehren wurden später in der Pali-Sprache auf Palmblätter eingeritzt. Diese Blätter wurden in drei Körben aufbewahrt. Daher hat dieser Kanon auch heute noch den Namen Pali- oder Tripitaka (= Dreikorb)-Kanon.

Ziel des Buddhisten ist es, mit Meditation, Weisheit und guten Taten das eigene Ich zu verbessern. Gute Taten können der Bau einer Pagode (auch einer kleinen), das Freikaufen eines gefangenen Tieres oder auch eine Nahrungsmittel- oder Geldspende an Mönche sein. Wer es geschafft hat, auf diesem Weg das Leiden zu überwinden, der wird aus der Kette der Wiedergeburten erlöst und geht in das Nirwana, einen Zustand der völligen seelischen Ruhe ein. Wer ein gutes Leben lebte, der wird auf einer höheren, wer ein schlechtes Leben gelebt hat, auf einer niedrigeren Stufe wiedergeboren werden. So kann ein verbrecherischer Mensch im nächsten Leben als Ratte oder Schwein zur Welt kommen.

Noch zu Lebzeiten Buddhas war es zu einer Spaltung der Lehre in den Mahayana- (auch Theravada genannten) und den Hinayana-Buddhismus gekommen. Hinayana bedeutet kleines Fahrzeug, es ist eine Methode der Erlösung, die nur wenigen Menschen dienen kann. Der Mahayana-Buddhismus dagegen verspricht allen gläubigen Buddhisten die Erlösung, da sie auf das Erbarmen der Boddhisattwas zählen können, jener Menschen, die bereits auf dem Wege zur Buddhaschaft sind. In Burma verbreitete sich der Theravada-Budhismus besonders im 11. Jahrhundert. Noch heute beeinflußt er nicht nur den einzelnen Menschen, sondern die gesamte Gesellschaft. Da kein Kastensystem wie etwa in Indien existiert, gab es in Burma immer einen sozialen Austausch zwischen den unteren und oberen Schichten.

Der burmanische Alltag

Die Stellung von Mann und Frau

Frauen sind den Männern rechtlich gleichgestellt. Bevor eine Frau heiratet, wird es gern gesehen, daß sie einmal selbstständig ihren Lebensunterhalt, etwa mit der Führung eines kleinen Ladens verdient hat. Die Burmaninnen wirken denn auch sehr selbstbewußt, und man sieht sie viel auf den Märkten und in kleineren Geschäften.

Ohne einen Wahrsager konsultiert zu haben, trifft ein Burmane ungern eine wichtige Entscheidung. Dieser Wahrsager zeigt auf seinem Werbeschild, in welchen Fällen er beraten kann.

Die Frauen reiben sich gern ein Pulver aus der Rinde des Thanaka-Baumes als Makeup auf die Wangen.

Der Zeitpunkt der Hochzeit wird von einem Astrologen berechnet. An dem großen Fest nehmen alle Verwandten und Freunde teil. Auf den Dörfern ist es oft noch Brauch, daß der Ehemann in das Haus seiner Schwiegereltern zieht und für diese arbeitet. Erst wenn das junge Ehepaar Nachwuchs erwartet, zieht es in ein eigenes Haus.

Die Scheidung ist leicht: Die Frau nimmt ihre in die Ehe eingebrachten Güter mit, das gemeinsam erworbene Gut wird geteilt. Die Söhne bleiben beim Vater, die Töchter bei der Mutter.

Namensgebung

Die Namensgebung in Burma ist schwierig, denn die Kinder tragen weder den Namen des Vaters noch den der Mutter. Für jeden Wochentag der Geburt gibt es nur eine beschränkte Anzahl von passenden Namen. Das ist auch der Grund, daß viele Namen so oft vorkommen. Innerhalb einer Familie werden gern Namen gewählt, die sich aufeinander reimen. Seinen Namen kann man in Burma leicht ändern – ein Zeitungsinserat, in den man ihn bekanntmacht, reicht aus. Mit einer Namensänderung will der Träger oft auch ein Unglück oder eine Krankheit abwenden.

Kunst und Kunsthandwerk

Musik und Tanz

Bei Familienfesten spielt Musik eine große Rolle. Das traditionelle Orchester besteht aus einem Kreis von Trommeln als dem Führungsinstrument, dazu kommen Gongs, Xylophone, mehrere weitere Arten von Trommeln, Blas- und Streichinstrumente und die barkenartig aussehende burmanische Harfe.

Diese Orchester spielen auch bei den Tanzvorführungen, die eine Art getanztes Theater sind.

Marionettentheater

Früher waren die Vorführungen der Marionettentheater, zu denen 25 bis 30 charakteristische Figuren gehörten, sehr beliebt. Heute aber haben die Kinos, die es in jeder Stadt gibt, ihnen den Rang abgelaufen. Auf den Märkten werden jedoch noch immer sehr schöne Marionetten angeboten.

Malerei

Die traditionelle Malerei in Burma waren die Wandmalereien in den Klöstern, wovon diejenigen aus dem 11. und 13. Jahrhundert in Pagan zu den schönsten zählen. Moderne Techniken, wie die Ölmalerei, kamen erst nach dem Zweiten Weltkrieg auf. Einige künstlerisch nicht sehr überzeugende Beispiele dafür sind im Nationalmuseum in Rangun zu sehen.

Poesie

Burmanische Gedichte spiegeln den Gedankenreichtum der Poeten des Landes wider, denn sie sind von einer ungeheueren Themenvielfalt. Gute burmanische Gedichte bringen weit mehr zum Ausdruck, als das Ohr zunächst wahrnimmt. Frühe burmanische Gedichte stammen von den Mönchen Shin Uttamagyaw (1453–1542) und Shin Maha Rathathara (1468–1529). Ihre Werke sind sehr religiös geprägt.

Andere Dichter, wie Maung Twe Aung (geboren 1944), Professor U E Maung (geboren 1905) oder Thakin Kodaw Hmaing (1875–1964), beschreiben mehr das weltliche Burma und die Geborgenheit seines dörflichen Lebens.

Beispiele für diese Dichtkunst finden sich in dem Buch »Burmese Poems Through The Ages« von Ashin Ananda, in dem die burmanischen Texte und ihre englischen Übersetzungen jeweils gegenüberstehen.

Märchen

In den burmanischen Märchen spiegelt sich die Völkervielfalt des Landes wider. Denn die Unterschiede in Lebensführung und auch landschaftlicher Umgebung finden in den Erzählungen ihren Niederschlag. Gemeinsam aber ist ihnen die Grundlage der buddhistischen Religion.

Zentrale Figuren der Märchen sind die Geister, die Nats, aber auch die Nagas, das sind Schlangen, die bereits in vorbuddhistischer Zeit verehrt worden sind. Gefährliche Gestalten sind die Bilus, Menschenfresser in Menschengestalt.

Tiere haben in den Märchen die unterschiedlichsten Charaktere: Das Kaninchen gilt als weiser Richter, der Tiger hat die Rolle eines narrenhaften Tieres und der Elefant wird als das einem König würdige Tier geschätzt.

Die Menschen in diesen Märchen schließlich offenbaren ganz normale menschliche Schwächen und zeigen mit ihrem Beispiel, wie die richtige Lebensführung beschaffen sein sollte. Insgesamt spricht aus den Darstellung der Märchen eine große Menschenliebe. Oder, wie Annemarie Esche es formulierte, die burmanische Märchen zusammengetragen hat: »Arme Leute sind nach burmanischer Ansicht nicht solche mit leeren Taschen, sondern solche mit leeren Herzen.«

Literatur

Die ältere burmanische Literatur ist von allen hinterindischen am stärksten von der indischen beeinflußt. Die religiöse Literatur besteht meist aus den Übersetzungen buddhistischer Werke, zu denen die Burmanen keinen weiteren nennenswerten Beitrag geleistet haben. Auch die Belletristik steht unter indischem Einfluß. Das dem indischen Heldenepos Ramayana ähnliche Yama Yekkan zählt in seiner dramatischen Bearbeitung zu den Lieblingsstücken der burmanischen Bühne.

Typisch für Burma sind jedoch die zahlreichen Chroniken, Berichte über die Geschichte des Landes, von denen die sogenannte Glaspalastchronik zu den bekanntesten gehört.

Der Buchdruck setzte sich in Burma erst Ende des 19. Jahrhunderts durch. Bis dahin war die Literatur des Landes auf Palmblättern festgehalten worden, die zwischen zwei Holzplatten gelegt wurden und so eine Art Buch ergaben. Da der Autor oft anonym blieb und auch das Jahr der Niederschrift nicht bekannt ist, gestaltet sich die Forschung nach burmanischer Literatur für die Wissenschaft sehr schwierig. Viele wertvolle dichterische Schriften sind bis heute noch nicht veröffentlicht.

Lackkunst

Die burmanische Lackkunst ist aus Siam, dem heutigen Thailand, und Laos schon vor Jahrhunderten übernommen und in Burma zu einem eigenen, unverwechselbaren Stil entwickelt worden. Es werden nacheinander blaue, gelbe, grüne, rote und schwarze Lackschichten aufgetragen, aus denen dann vorsichtig die bildlichen Darstellungen so herausgekratzt werden, daß jeweils nur eine Farbschicht zutage tritt, also ein buntes Bild entsteht. Wegen der langen Trocknungsvorgänge der vielen Lackschichten dauert die Bearbeitung oft ein halbes Jahr.

Vor dem Kauf von Bechern aus Lack wird der Tip gegeben, als Qualitätskontrolle die oberen Ränder zusammenzubiegen, bis sie sich fast berühren. Dabei dürfe weder das Gefäß brechen, noch der Lack abplatzen. Ich habe jedoch nur selten ein Gefäß in der Hand gehabt, daß diesen Test überstanden hätte. Heute werden wegen der Nachfrage durch Touristen offensichtlich dickere Lackschichten aufgetragen, die nicht so sorgfältig bearbeitet werden müssen.

Opiumgewichte

Die metallenen Elefanten, Löwen und Hühner, die es stets als ganzen Satz in verschiedenen Größen gibt, fallen in Burma immer wieder auf. Sie werden als Opiumgewichte bezeichnet. Tatsächlich sind sie jedoch viel zu groß und schwer, um wirklich für das Abwiegen von Opium verwendet zu werden. Es handelt sich vielmehr um Bronzegewichte, die für den Zahlungsverkehr in Hinterindien benutzt wurden. Mit ihnen wurden Edelmetalle abgewogen, die zum eigentlichen Zahlungsverkehr benutzt worden sind. Diese Gewichte waren standardisiert, und wurden staatlich überwacht. Sie sind in der Technik des Gusses in der verlorenen Form (Wachsausschmelzverfahren) hergestellt worden. Deshalb sehen die Gewichtssätze auch alle unterschiedlich aus. Bereits im Jahre 1561 hatten burmanische Könige den Guß von Bronzegewichten kontrolliert. Das Maß dieser Gewichtseinheiten war der Kyat, der Name hat sich bis heute für die Währung des Landes erhalten. Mit der Einführung eines modernen Münzsystems um 1880 kamen auch die Münzgewichte langsam aus dem Verkehr.

Heute werden auch Nachgüsse der alten Figuren als Souveniers angeboten. Man erkennt die Repliken an der schwarzen Farbe des Metalls, während die Originale bronzefarben glänzen.

Architektur

Neben den sakralen Bauten, den Pagoden und Tempeln, gibt es keine typisch burmanische Profanarchitektur. Aus Ziegelsteinen aufgemauerte Häuser gibt es meist nur in größeren Ortschaften oder sie stammen noch aus der englischen Kolonialzeit.

Die Häuser auf dem Land und in den Städten werden sonst meist aus Teakholz gebaut, oder es handelt sich um Bambushütten, die wegen der Überflutung in der Regenzeit auf Pfählen stehen. Diese Bambushäuser sehen wegen der Verflechtung von dunklen und hellen Bambusstreifen sehr

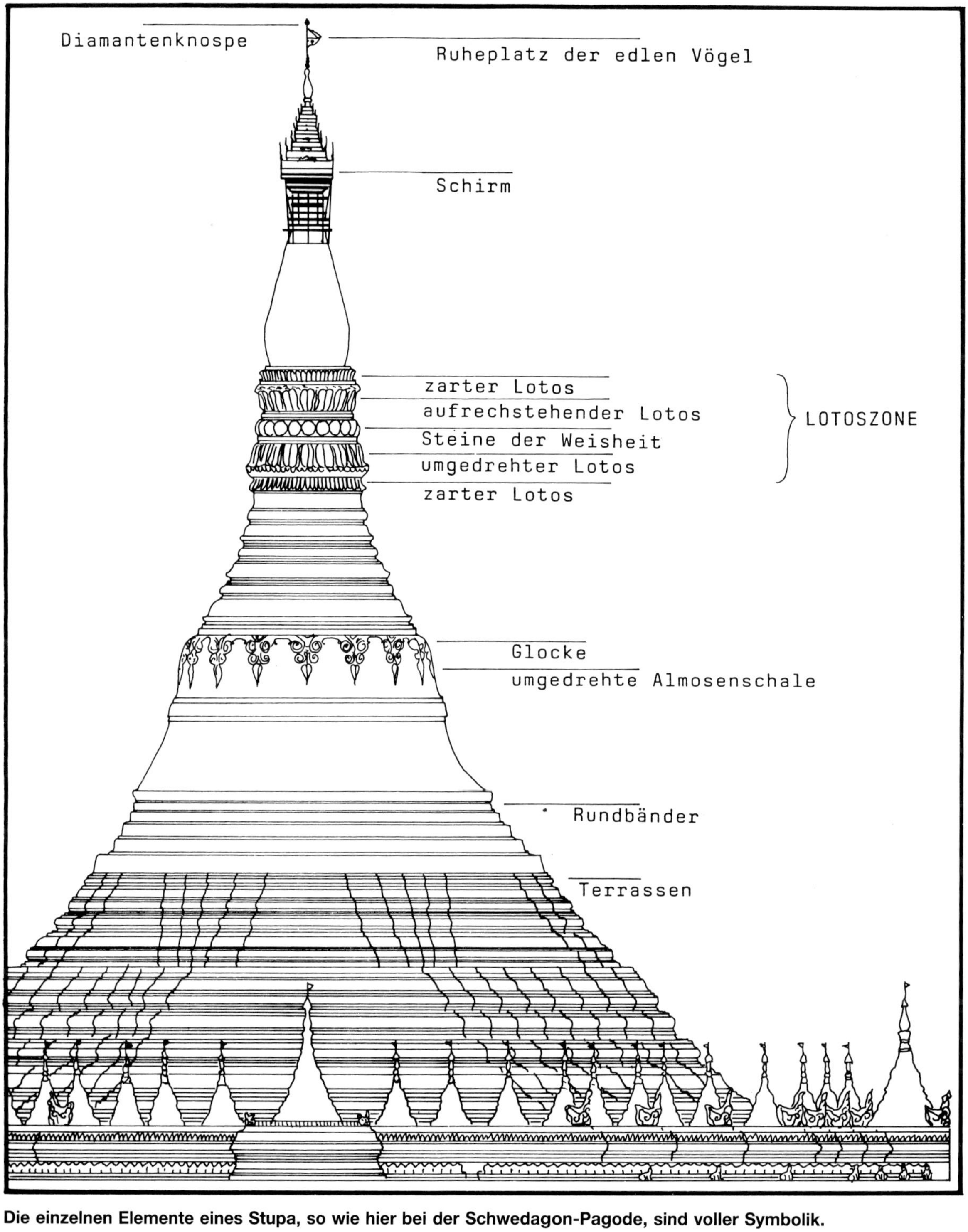

Die einzelnen Elemente eines Stupa, so wie hier bei der Schwedagon-Pagode, sind voller Symbolik.

reizvoll aus. Aber solche Häuser sind nicht typisch burmanisch, es gibt sie in ganz Südostasien.

Eine sehr spezielle burmanische Architektur hat sich nur bei den Sakralbauten entwickelt, den Pagoden und Tempeln. Typisch für den burmanischen Stupa ist die glockenartige Form. Bei den Stupas ist in einem Hohlraum zwischen dem Abschluß des Stupa und Hti, der kronenartigen Spitze, eine Reliquie Buddhas untergebracht. Solche Reliquien können ein Zahn, Haare, Knochen, Asche oder Stücke vom Stoff Buddhas, aber auch Amulette oder heilige Texte von den ersten Gefolgsleuten Buddhas sein. Im Grunde bedeuten Pagode und Stupa dasselbe, als Pagode wird jedoch meist das Gesamtbauwerk einschließlich des Terrassenunterbaues verstanden, während man als Stupa den glockenförmigen Rundturm auf der obersten Terrasse bezeichnet. Als Tempel gilt in Burma ein rechteckiges Gebäude, das eine oder mehrere Buddhastatuen enthält. Normalerweise sind die Statuen, die nach Osten, also der aufgehenden Sonne zugewandt stehen, die größten. Tempel, die unter dem architektonischen Einfluß der Mon entstandenen, haben meist düstere Gänge, in die durch einige Fenster wenig Licht fällt.

Die typisch burmanischen Tempel sind dagegen mehr luftig und hell, und sie fallen schon durch die imposante Größe ihrer Architektur auf.
Der Ausdruck Tempel ist nicht ganz korrekt, weil es im Theravada-Buddhismus keine einem Gott geweihten Bauwerke gibt. Dennoch ist es üblich,

Links: Die Zeichnung zeigt die von einigen Kunsthistorikern vertretene hypothetische Entwicklung des Stupa, dessen Planen vor der Sonne schützten, hin zum Tempel.

Rechts: Der Grundriss des Ananda-Tempels in Pagan.

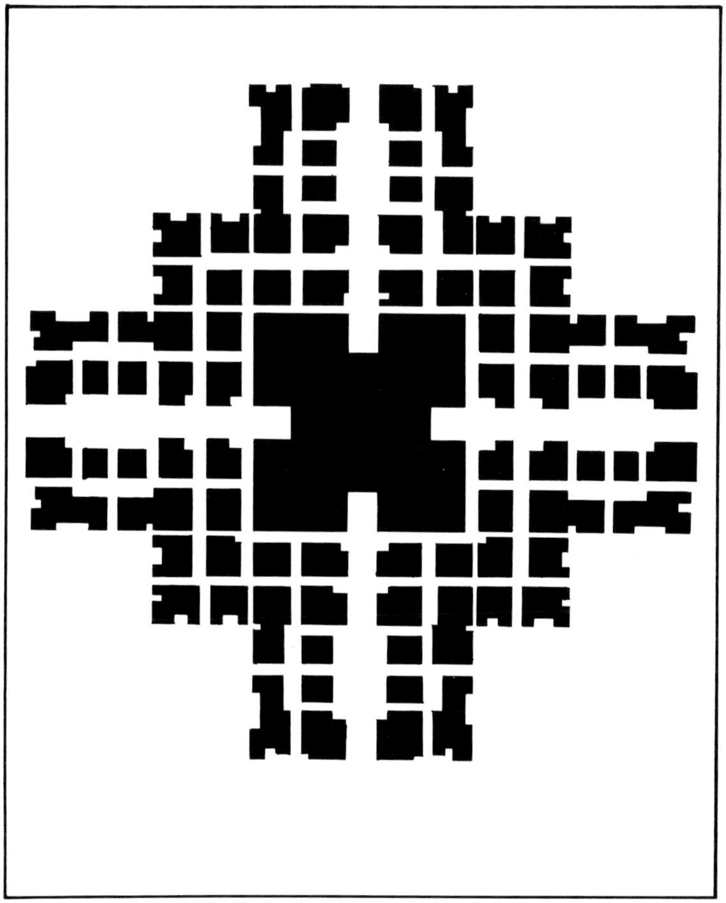

etwa die Bauten in Pagan als Tempel zu bezeichnen, weil es keinen anderen gängigen Ausdruck dafür gibt.

Kunsthistoriker meinen, die Tempel seien die steinernen Nachbildungen früher Andachtsstätten, bei denen um einen Stupa herum Pfähle mit Zeltplanen zum Schutz gegen die Sonne aufgestellt worden waren. So zeigen die zentralen Pfeiler im Innern der Tempel noch immer die Form eines Stupa, wie die Schnittzeichnung auf Seite 181deutlich macht.

Pagoden und Tempel sind nur Andachtsstätten, in denen der Buddhist Kraft für das eigene Bemühen in der Lebensführung sucht. Ein Flehen zu Gott oder zu Heiligen ist dem dogmatischen Buddhismus fremd. Andererseits ist die Religion so tolerant, daß sie Bitten an die Nats zuläßt, die Schutzgeister, die fast eine Rolle spielen, wie im Christentum die Schutzheiligen.

Die Buddhastatuen sind meist sitzende Darstellungen, weil sie so am leichtesten zu formen sind. Bei den liegenden Figuren, deren Oberkörper leicht aufgerichtet ist, gibt es oft statische Probleme, wie das Beispiel der Figur aus Rangun zeigt. Meist sind solche Figuren aus Ziegeln aufgemauert und dann mit Gips verkleidet worden.

Die bedeutendesten burmanischen Feste

Die größte Feier im Laufe des Jahres ist das burmanische Neujahrsfest im März oder April (der traditionelle burmanische Kalender läuft etwas anders als der unsrige). Die Länge des Festes wird jedes Jahr von Astrologen neu festgelegt. Die Thingyan genannte Feier ist auch als Wasserfest bekannt, weil das alte Jahr in dieser Zeit weggewaschen wird. Die Menschen auf den Straßen übergießen sich gegenseitig mit Wasser, auch Fremde sind vor diesen Güssen nicht sicher.

Ende April ist der Tag der Erwartung des Monsunregens. Am Vollmondtag in dieser Zeit wird der Erleuchtung und des Todes Buddhas gedacht.Die Gläubigen ziehen in langen Prozessionen zu den Pagoden und übergießen dort die Bodhi-Bäume mit Wasser.

Mitte Juli beginnt die buddhistische Fastenzeit.

Bei Vollmond Mitte Oktober wird das Lichterfest gefeiert. An den Straßen und in den Häusern stehen brennende Lichter, die Dorfbewohner tanzen als Tiere verkleidet und junge Männer streifen nachts Unfug treibend durch die Gegend. Dieses Fest bedeutet das Ende der Fastenzeit.

Mit dem Wasserfest (hier auf einem Gemälde) feiern die Burmanen das neue Jahr.

Ein Comic-Strip auf burmanisch.

So lernen die Kinder burmanische Schriftzeichen.

Sprache und Schrift

Burmanisch gehört der tibeto-burmanischen Sprachfamilie an, also einer Untergruppe der sinotibetischen Sprachen. Neben Burmanisch gibt es im Land noch mehr als 100 weitere Sprachen und Dialekte. 80 Prozent der Bewohner Burmas sprechen allerdings Burmanisch.

Jedes Wort dieser Sprache besteht aus einer Silbe, die in drei Tonarten gesprochen werden kann und damit ihre Bedeutung ändert. Dadurch hört die Aussprache sich sehr rhythmisch an. Die burmanische Schrift besteht in erster Linie aus Kreisformen. Sie stammt von der Palischrift ab. Die runden Formen sollten früher angeblich verhindern, daß die Palmblätter, auf denen man schrieb, durch gerade Striche eingeritzt wurden und damit brechen konnten. Die Schrift wird von links nach rechts geschrieben.

Ferne Kontinente

Achill Moser gelang, was noch niemand vor ihm geschafft hatte: 700 Kilometer allein und zu Fuß durch die Wüste Gobi nach Dunhuang, zu den Höhlen der Tausend Buddhas. Ebenso ungewöhnlich war seine 2500 Kilometer weite Floßfahrt auf dem größten Fluß Chinas, dem Jangtsekiang. Die packende, einfühlsame Reportage, mit brillanten Fotos ergänzt.

Achill Moser

Abenteuer China

220 Seiten, 70 Abbildungen, davon 20 farbig, Großformat, gebunden, **44,–** Best.-Nr. 50059

Die Erfahrungen aus 14 Reisen, seine Erlebnisse mit der indischen Wirklichkeit hat der Autor zu einem fesselnden Reisebericht verarbeitet, der den Leser tief in dieses geheimnisvolle Land und seine Geschichte einführt..

Werner Göpel

Indien

224 Seiten, 140 Abb., davon 44 farbig, geb., geb., **49,–** Best.-Nr. 50080

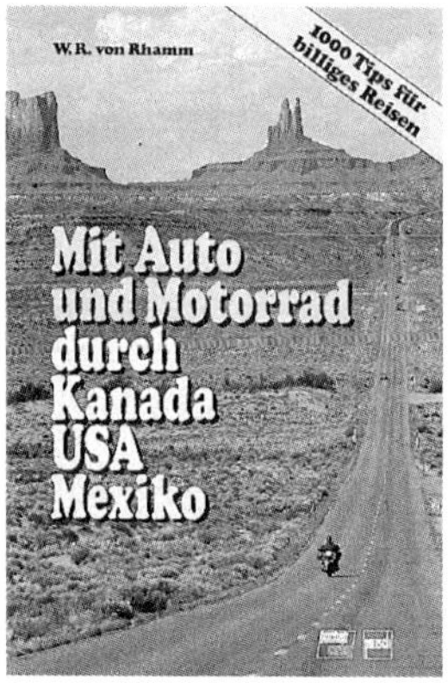

Ausführliche Planung und Organisation von Amerika-Reisen mit dem eigenen Fahrzeug. Viele Tips für billiges Reisen, die nicht im Reiseführer stehen.

W.R. von Rhamm

Mit dem Auto und Motorrad durch Kanada, USA, Mexiko

176 Seiten, 81 Abb., Breitklappenbroschur, **29,–** Best.-Nr. 69011

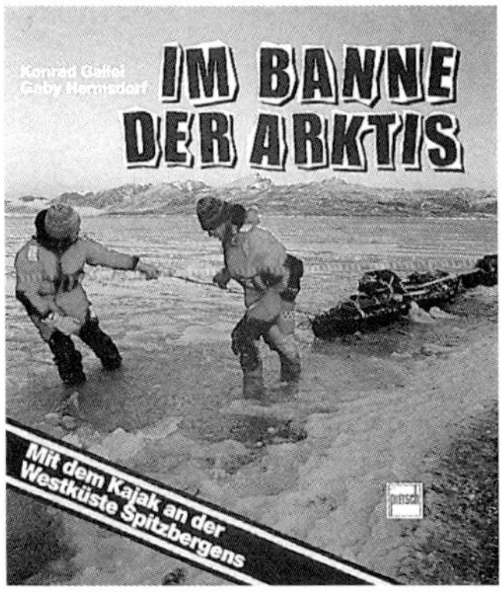

»Nie wieder Arktis!« – diese Meinung vertrat Konrad Gallei gegenüber seiner späteren Mitautorin Gaby Hermsdorf. Doch die Arktis zog ihn magisch an, und gemeinsam erkundeten sie die Westküste Spitzbergens.

Gallei / Hermsdorf

Im Banne der Arktis

168 Seiten, 100 Abb., dav. 20 farbig, Großformat, geb., **48,–** Best.-Nr. 50066

Alain Guigny und seine Gefährtin verlassen Frankreich im Juli 1980, um in drei Jahren 50000 km auf dem Fahrrad in Amerika, Japan, China und Rußland zurückzulegen.

Alain Guigny

Auf zwei Fahrrädern ans Ende der Welt

256 Seiten, 49 Abb., davon 20 farbig, geb., **39,–** Best.-Nr. 50024

Änderungen vorbehalten

Der Verlag für Abenteuer

Postfach 103743 · 7000 Stuttgart 10

pietsch